AF558768

# ABGEFAHREN!

## ALLE FAHRZEUGE, DIE UNSERE WELT VERÄNDERT HABEN

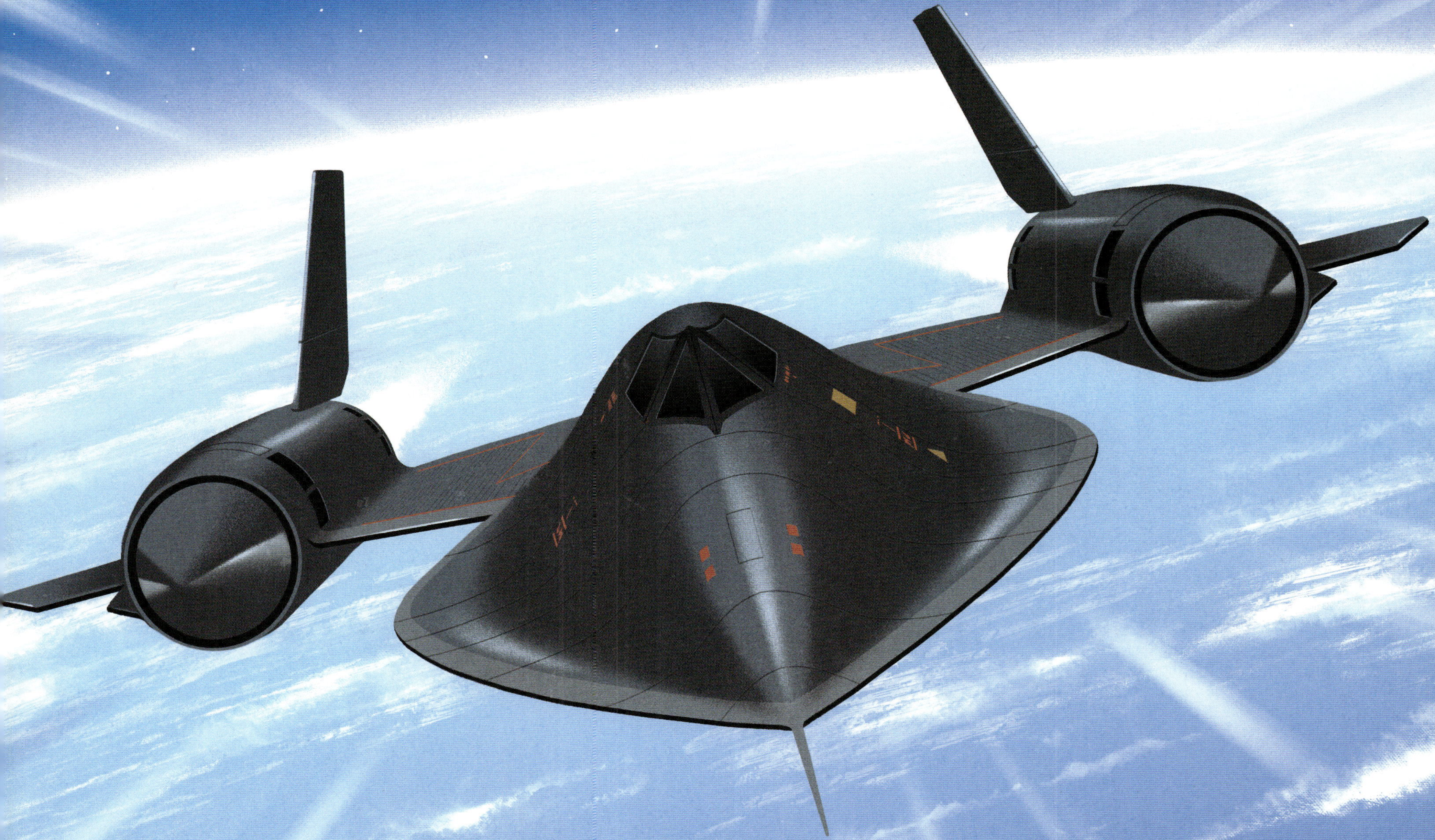

MATT RALPHS

RUI RICARDO

AUS DEM ENGLISCHEN VON STEFANIE BRÄGELMANN UND KATHARINA MEYER

*Für Onkel Alan und Tante Joan,*
*besonders die Seiten 16–17* **M. R.**

*Für Laura* **R. R.**

Dieses Buch ist Teil unseres Programms E. A. SEEMANNs BILDERBANDE.
Es umfasst Bücher und Spiele, die Kindern mit viel Spaß die bunte Welt der Kultur eröffnen:
Malerei, Architektur und Kulturgeschichte, Musik, Oper, Theater und Tanz.
Die BILDERBANDE macht Bücher zum Entdecken, Geschichten zum Vorlesen und Spiele.


seemann-henschel.de
instagram.com/seemann_henschel_verlagsgruppe
facebook.com/seemann.henschel
pinterest.de/seemann_henschel


Erstmals in Englisch erschienen unter dem Titel *Transported*
bei Nosy Crow Limited, www.nosycrow.com

Projektleitung: Caroline Keller
Lektorat: Nora Schröder
Mitarbeit: Lena Danielmeyer
Satz: Gudrun Hommers, Berlin

Bibliografische Information der Deutschen Nationalbibliothek
Die Deutsche Nationalbibliothek verzeichnet diese Publikation in der Deutschen
Nationalbibliografie; detaillierte bibliografische Daten sind im Internet über
http://dnb.dnb.de abrufbar.



ISBN 978-3-86502-508-1

Das Papier wurde aus Holz aus nachhaltiger Forstwirtschaft hergestellt.
Gedruckt in China.



# INHALT

# UNSERE REISE BEGINNT

Stell dir vor, es gäbe keine Fahrzeuge auf der Welt: keine Fahrräder, keine Schiffe, keine Autos, keine Züge oder Flugzeuge. Zur Fortbewegung hättest du nur deine Beine. Wie weit könntest du wohl an einem Tag laufen? 10 Kilometer? Oder 15, wenn du dich sehr anstrengst? Und wie viel Gepäck könntest du auf deinem Rücken tragen? Vielleicht könntest du einen Fluss oder sogar einen See durchschwimmen. Aber den Ozean könntest du ganz sicher nicht überqueren, geschweige denn in seine dunklen Tiefen tauchen. Erst recht nicht bis zum Himmel fliegen oder in die unendlichen Weiten des Weltalls.

Diese Abenteuer bestehst du nur mit einem der **Fahrzeuge, die die Welt verändert haben.**

Die ersten Fortbewegungsmittel des Menschen waren Segelboote und Pferde- oder Ochsenkarren. Mit diesen Fahrzeugen unternahmen schon die Menschen der Antike weite Reisen, erschlossen Handelsrouten und verbreiteten ihre Kultur. Seit 5000 Jahren lassen sich die Menschen auf der ganzen Welt dabei von ihrer Fantasie beflügeln: Sie forschen, sie probieren aus, manchmal scheitern sie, aber das hält sie nicht davon ab, weiterzumachen. Und so erfanden sie am Ende die Fahrzeuge, die du in diesem Buch kennenlernen wirst.

Mit einigen Fahrzeugen konnte man fremde Welten erforschen. Im polynesischen Kanu segelten einst unerschrockene Entdecker Tausende Kilometer über den Pazifik. Die Wikinger kamen mit ihren sagenhaft schnellen Langschiffen sogar über den Atlantik bis nach Amerika, lange bevor Kolumbus dort landete.

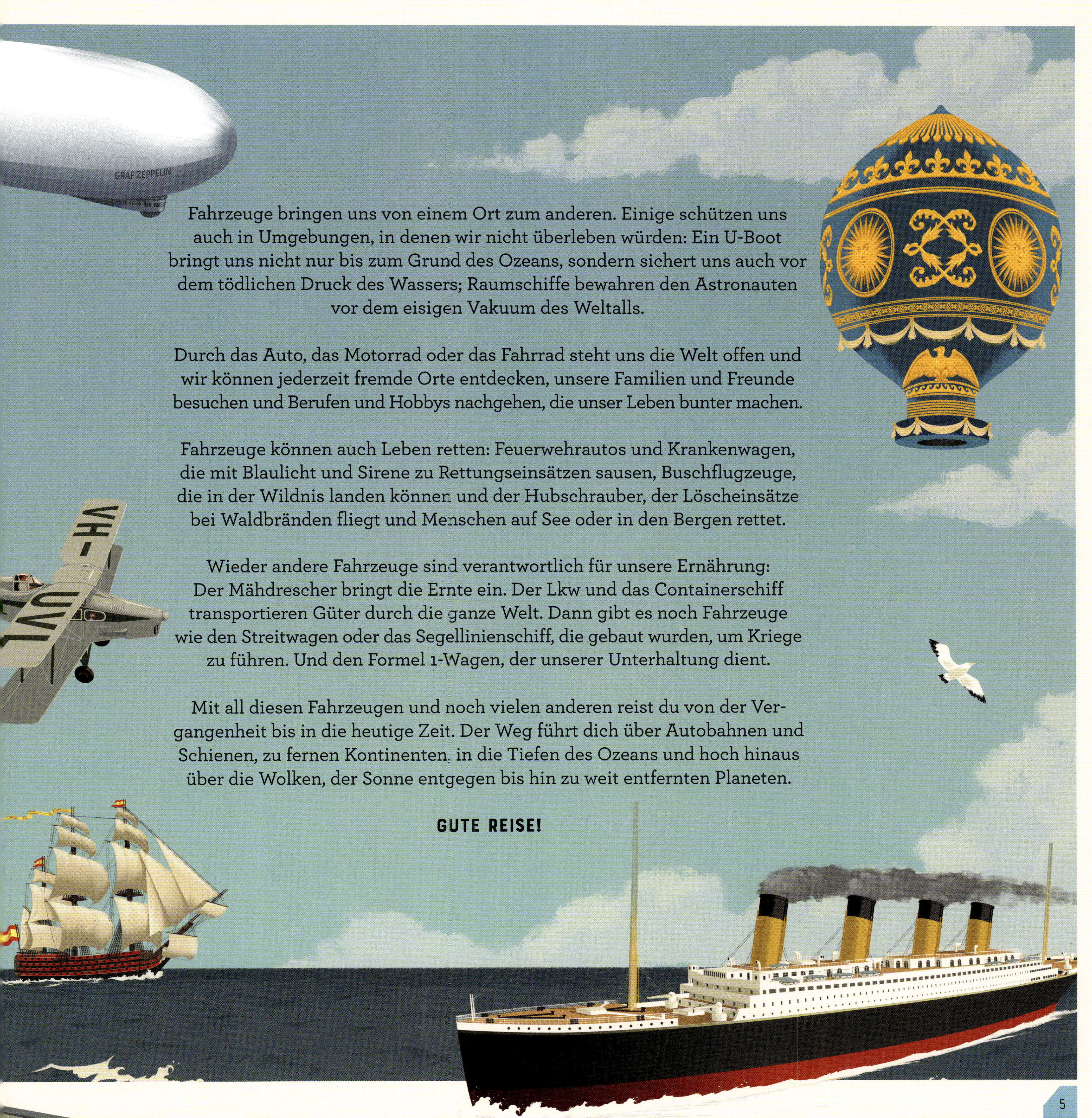


Fahrzeuge bringen uns von einem Ort zum anderen. Einige schützen uns auch in Umgebungen, in denen wir nicht überleben würden: Ein U-Boot bringt uns nicht nur bis zum Grund des Ozeans, sondern sichert uns auch vor dem tödlichen Druck des Wassers; Raumschiffe bewahren den Astronauten vor dem eisigen Vakuum des Weltalls.

Durch das Auto, das Motorrad oder das Fahrrad steht uns die Welt offen und wir können jederzeit fremde Orte entdecken, unsere Familien und Freunde besuchen und Berufen und Hobbys nachgehen, die unser Leben bunter machen.

Fahrzeuge können auch Leben retten: Feuerwehrautos und Krankenwagen, die mit Blaulicht und Sirene zu Rettungseinsätzen sausen, Buschflugzeuge, die in der Wildnis landen können und der Hubschrauber, der Löscheinsätze bei Waldbränden fliegt und Menschen auf See oder in den Bergen rettet.

Wieder andere Fahrzeuge sind verantwortlich für unsere Ernährung: Der Mähdrescher bringt die Ernte ein. Der Lkw und das Containerschiff transportieren Güter durch die ganze Welt. Dann gibt es noch Fahrzeuge wie den Streitwagen oder das Segellinienschiff, die gebaut wurden, um Kriege zu führen. Und den Formel 1-Wagen, der unserer Unterhaltung dient.

Mit all diesen Fahrzeugen und noch vielen anderen reist du von der Vergangenheit bis in die heutige Zeit. Der Weg führt dich über Autobahnen und Schienen, zu fernen Kontinenten, in die Tiefen des Ozeans und hoch hinaus über die Wolken, der Sonne entgegen bis hin zu weit entfernten Planeten.

**GUTE REISE!**

# POLYNESISCHES KANU

## ERFORSCHER DES PAZIFISCHEN OZEANS

Vor weit mehr als 1000 Jahren segelten wagemutige Seefahrer aus Südostasien über die Weiten des Pazifik nach Osten und entdeckten Hunderte von Inseln. In den folgenden Jahrhunderten besiedelten sie das Gebiet, das wir heute Polynesien nennen.
Die Navigationskünste der polynesischen Seefahrer und ihre sagenhaften sogenannten „Auslegerkanus" waren die Grundlage für Reisen, Handel und Kommunikation zwischen diesen Inseln, die teils Tausende Kilometer voneinander entfernt sind.

### ZAHLEN UND FAKTEN

- » **TYP:** Auslegerkanu
- » **RÜMPFE:** 2
- » **BESATZUNG:** 15–20
- » **ANTRIEB:** Segel und Ruder
- » **DURCHSCHNITTSGESCHWINDIGKEIT:** 8–10 km/h
- » **MAßE:** Länge: ca. 20 m; Breite: ca. 6 m

### MEISTER DER NAVIGATION

Für die Polynesier waren die riesigen Entfernungen zwischen den Inseln kein Hindernis, denn ihre erfahrenen Navigatoren wussten, welche Wege sie nehmen mussten. Sie nutzten weder Karte noch Kompass, sondern bestimmten den Kurs allein durch die genaue Beobachtung des Sternenhimmels und der Naturphänomene auf dem Meer.

### TAUSEND INSELN

Polynesien (was so viel heißt wie „viele Inseln") ist eine riesige Inselwelt mit mehr als 1000 Inseln, die über den Pazifik verstreut sind. Hawaii im Norden, Neuseeland im Westen und Rapa Nui (oder Osterinsel) im Osten bilden das polynesische Dreieck. Nicht alle Inseln sind bewohnt. Manche sind so groß, dass ganze Gebirge darauf Platz finden, andere sind kaum größer als ein Sandhügel mit ein paar Kokospalmen.

### URALTE KUNST

Für längere Fahrten auf dem offenen Meer bauten die Polynesier Kanus mit zwei Rümpfen. Für jeden Rumpf wurde ein Baumstamm ausgehöhlt und sorgfältig geformt – mit scharfen Kanten, die das Kanu schnell durch die Wellen gleiten ließen. Die Bretter zwischen den Rümpfen trugen einen einfachen Unterstand für die Mannschaft. Zusammengehalten wurde die breite Konstruktion, die stabil war und nicht leicht kentern konnte, von starken Seilen aus Kokosfasern.

## DIE INNERE LANDKARTE

Die Seefahrer kannten mehr als 300 Sterne und Sternenbilder, die sie gedanklich wie eine Karte über dem Ozean „ausbreiteten". Bei klarem Himmel dienten ihnen die Auf- und Untergangspunkte der Gestirne als Richtungsmarker. Um Richtung Süden zu fahren, folgten sie zum Beispiel den vier hellen Sternen des Sternenbilds Kreuz des Südens.

## VON DER NATUR GELEITET

Die Polynesier hatten einen scharfen Blick für alle Zeichen, die auf Land hinwiesen: Fische, die es nur im Umkreis von Inseln gab, auf dem Meer treibende Blumen oder Vögel, denen sie zur Küste folgten. Sie konnten sogar Lagunen auf weit entfernten Inseln sehen, die sich in den Wolken spiegelten.

## ORIENTIERUNG AN DEN WELLEN

Wenn es bewölkt war und sie die Sterne nicht sehen konnten, nutzten die Seefahrer Strömungen und Wellen, um ihren Weg zu finden. Wussten sie, dass an einer bestimmten Stelle die Wellen immer nach Osten liefen, segelten sie direkt in die Welle hinein, um nach Westen zu fahren. So konnten sie selbst bei absoluter Dunkelheit die Richtung bestimmen, indem sie erspürten, aus welcher Richtung die Wellen gegen das Boot schlugen.

## WIE DAS POLYNESISCHE KANU DIE WELT VERÄNDERTE

Als die ersten polynesischen Seefahrer vor weit über 1000 Jahren mit ihren Auslegerkanus in See stachen, wussten sie noch nichts von den riesigen Weiten des Pazifischen Ozeans. Im Laufe vieler Jahre erschlossen sie mehrere Millionen Quadratkilometer Wasser und machten die Tausenden Inseln Polynesiens zu ihrer Heimat, in der sie auch heute noch leben.

# SUMERISCHER WAGEN

## EINE URALTE ERFINDUNG

Es gab eine Zeit, in der es keine Fahrzeuge für den Einsatz an Land gab. Selbst als die Menschen schon lange in Siedlungen wohnten, Äcker pflügten und miteinander Handel trieben, mussten sie ihre Lasten eigenhändig tragen oder sie auf den Rücken von Ochsen oder Eseln transportieren. Deshalb ist die Erfindung des Rads vor etwa 5500 Jahren einer der wichtigsten Meilensteine der Menschheitsgeschichte. Ohne das Rad gäbe es die meisten Fahrzeuge in diesem Buch überhaupt nicht. Der vierrädrige sumerische Wagen ist eins der ersten, das wir kennen.

### DIE ERSTEN FAHRZEUGE

Es gibt nur sehr wenige detaillierte Überlieferungen zu den ersten Wagen der Bronzezeit. Wir wissen jedoch, dass die alten Sumerer in Mesopotamien (4500–1900 v. Chr.) vierrädrige Wagen bauten, die so ausgesehen haben könnten wie dieser hier. Es gibt Bilder von ihnen auf den wunderschönen Mosaiken dieser Zeit. Vier Wildesel zogen die hölzernen Wagen, auf denen der Wagenlenker und ein weiterer Krieger Platz fanden. Möglicherweise nutzten sie auch Könige und Heerführer, um sich auf dem Kampffeld fortzubewegen. Oder sie wurden als Waffe eingesetzt, um die Fußsoldaten umzufahren und auseinanderzuschleudern.

### ZAHLEN UND FAKTEN

- **TYP:** Vierrädriger sumerischer Wagen
- **GEBAUT VON:** Sumerer, Mesopotamien
- **BESATZUNG:** 2
- **ANTRIEB:** 4 Wildesel oder Onager (Asiatische Esel)
- **HÖCHSTGESCHWINDIGKEIT:** ca. 25 km/h
- **MASSE:** Länge (vom Joch bis zur Hinterkante): ca. 3,4 m; Breite: ca. 2 m; Höhe: ca. 1,3 m

### DAS RAD, DAS DIE WELT REVOLUTIONIERTE

Die ältesten Räder der Welt stammen aus Mesopotamien, aus der Zeit um 3500 v. Chr. Sie wurden als Töpferscheiben verwendet. Die ersten Räder zum Transport von Lasten entstanden einige Jahrhunderte später und waren aus massivem Holz – ohne Speichen. Um das Fahrzeug zu bewegen, mussten zwei gleich große Räder an einer Achse befestigt werden, wo sie in Bewegung für Stabilität sorgten. Danach verbreitete sich das Rad in kurzer Zeit in ganz Asien, dem Nahen Osten und Europa. Später wurde es zum leichteren, schnelleren Speichenrad weiterentwickelt (Seite 10).

## DAS ÄLTESTE HOLZRAD DER WELT

Das älteste bisher entdeckte Holzrad wurde in der Nähe von Ljubljana im heutigen Slowenien ausgegraben. Es wurde vor etwa 5000 Jahren gezimmert und ist damit nur etwa 500 Jahre später entstanden als die ersten Räder in Mesopotamien. Das 5 Zentimeter dicke Rad aus Eschenholz ist mehrteilig und wird von vier Holzverstrebungen zusammengehalten. Es hat einen Durchmesser von 72 Zentimetern und wurde zusammen mit einer gut erhaltenen 1,20 Meter langen Achse aus Eichenholz gefunden. Vermutlich gehörte es zu einem Handwagen, der von einer Person oder einem Tier gezogen wurde.

## WIE DER SUMERISCHE WAGEN DIE WELT VERÄNDERTE

Rad und Wagen gehören zu den wichtigsten Erfindungen der Menschheit, sie haben das Leben vor Tausenden von Jahren völlig verändert. Plötzlich konnten die Menschen schwere Lasten auf den von Rindern, Wildeseln oder Menschen gezogenen Wagen über große Distanzen transportieren – das war vorher völlig unmöglich. Bauern konnten ihre Waren zum Markt bringen, Baumeister beförderten Steine und Holz und den Menschen blieben viele beschwerliche Fußmärsche erspart. Der rollende Wagen eroberte die Welt.

# STREITWAGEN

## HOCHGESCHWINDIGKEIT IN DER BRONZEZEIT

Über Jahrtausende war für den Menschen die rasanteste Fortbewegungsmöglichkeit schnell zu rennen. Aber nachdem um 3500 v. Chr. das Pferd gezähmt und um 3000 v. Chr. das Rad erfunden war, ermöglichte der zweirädrige Streitwagen eine ganz neue Form der Fortbewegung. Von zwei Pferden gezogen konnten die Menschen zum ersten Mal große Entfernungen mit sehr hoher Geschwindigkeit zurücklegen.

### DIE ALLERERSTEN STREITWAGEN

Die ältesten bisher bekannten Streitwagen wurden in Gräbern im Ural, im heutigen Russland, gefunden. Sie wurden vor etwa 4000 Jahren in der bronzezeitlichen Sintaschta-Kultur gebaut. Die Sintaschta-Leute waren meisterhafte Metallhandwerker und Händler. Sie schickten ihre Waren bis weit über Asien hinaus. Es dauerte nicht lange, bis andere Zivilisationen in Indien, China, Europa, dem Nahen Osten und Nordafrika ihre eigenen Versionen dieses bemerkenswerten Fahrzeugs konstruierten.

### ZAHLEN UND FAKTEN

- **TYP:** Altägyptischer Streitwagen
- **EINSATZZEIT:** 2000–300 v. Chr.
- **BESATZUNG:** 2
- **ANTRIEB:** 2 Pferde
- **HÖCHSTGESCHWINDIGKEIT:** ca. 60 km/h
- **MAẞE:** Länge (vom Joch bis zur Hinterkante): ca. 3,4 m; Breite: 2 m; Höhe: ca. 1,3 m

### LEICHT UND BLITZSCHNELL

Ob im Kampf, auf der Jagd oder bei Wagenrennen – ein Streitwagen musste leicht sein, damit ihn die Pferde über weite Strecken in vollem Galopp ziehen konnten. Gleichzeitig musste er stabil sein, um den plötzlichen Wendemanövern bei hoher Geschwindigkeit standzuhalten. Durch die leichte Bauweise war er allerdings nicht sehr widerstandsfähig und ließ sich nur auf ebenem Gelände sicher fahren.

## KRIEGSFÜHRUNG AUF RÄDERN

Altägyptische Streitwagen waren für eine bestimmte militärische Taktik konstruiert. Die Ägypter rasten in ihnen auf die gegnerischen Soldaten zu, beschossen sie mit Pfeilen und zogen sich zurück, bevor ihr Gegenüber sich wehren konnte. Geübte Bogenschützen konnten Pfeile in alle Richtungen abschießen, während die Fahrer die Pferde lenkten. Die Hethiter bauten Streitwagen für drei Krieger (Wagenlenker, Bogenschütze, Kämpfer mit Speer und Schild), die schwerer und langsamer waren, um in die feindlichen Truppen hineinzupreschen. Die größte Streitwagenschlacht der Geschichte war 1274 v. Chr. die Schlacht von Kadesch, bei der sich nahe der heutigen syrisch-libanesischen Grenze die zwei Supermächte, Hethiter und Ägypter, bekämpften.

## VIELSEITIGE PRUNKSTÜCKE

Streitwagen kamen nicht nur in der Schlacht zum Einsatz. Ihre Herstellung war sehr teuer, weshalb auch Könige und hohe Offiziere mit ihnen umherfuhren, um zu zeigen, wie reich und mächtig sie waren. Auch für die Jagd wurden sie genutzt, wobei der Fahrer lenkte und der Mitfahrer Hirsche und Großkatzen mit Pfeilen abschoss. Und es wurden Wagenrennen mit ihnen gefahren, was besonders im alten Rom populär war, wo extra Rennstrecken mit Tausenden von Zuschauerplätzen gebaut wurden.

## WIE DER STREITWAGEN DIE WELT VERÄNDERTE

Man weiß nicht genau, ob die Menschen das Pferd zuerst als Reittier einsetzten oder als Zugtier vor Wagen spannten. Sicher ist, dass sie um 2000 v. Chr. den zweirädrigen Streitwagen erfanden, der bis zu 60 Kilometer pro Stunde erreichte – viel schneller, als ein Mensch rennen kann. Der Streitwagen revolutionierte die Kriegsführung, sorgte für die schnelle Weiterleitung von Nachrichten und machte die Jagd auf wilde Tiere weniger gefährlich. Er wurde in ganz Europa, dem Nahen Osten, Nordafrika und Asien genutzt und war bis zur Erfindung der Dampflokomotive fast 4000 Jahre später das schnellste Fahrzeug der Welt.

# TRIERE

## SCHWIMMENDER RAMMBOCK

Trieren waren die wichtigsten Kriegsschiffe der antiken Welt. Mit ihren schmalen, stromlinienförmigen Schiffskörpern, die von 170 Ruderern angetrieben wurden, konnten sie schnell durchs Wasser gleiten und waren äußert wendig. Zur Besatzung gehörten auch Soldaten und Bogenschützen, aber ihre Hauptwaffe war der mächtige Rammsporn, der feindliche Schiffe durchbohrte und versenkte.

### ZAHLEN UND FAKTEN

- **TYP:** Kriegsschiff
- **BENUTZT VON:** Griechen, Römern, Persern und Phöniziern
- **EINSATZZEIT:** 700–300 v. Chr.
- **BESATZUNG:** 200
- **ANTRIEB:** 2 Segel und 170 Ruderer
- **DURCHSCHNITTSGESCHWINDIGKEIT:** 11 km/h
- **REICHWEITE:** 80–100 km/h pro Tag
- **WAFFE:** bronzeummantelter Rammsporn
- **MAẞE:** Länge: 36 m; Breite: 5 m

### BAU DES SCHIFFSRUMPFS

Der Bau der Triere war teuer. Der Rumpf wurde aus dem leichten, wasserbeständigen Holz von Tannen, Kiefern und Zedern gefertigt. Der Kiel war aus robustem Eichenholz, damit das Schiff nach der Fahrt an felsige Strände gezogen werden konnte. Oft waren Trieren kunstvoll verziert, mit furchterregenden Augen, die auf dem Rammbock prangten.

### DIE RUDERER

Im Inneren des Schiffbauchs saßen in drei Ebenen 170 speziell ausgebildete Ruderer, von denen jeder ein Ruder bediente. Sie hatten meist keine Sicht aufs Meer und vertrauten auf die Anweisungen ihres Kommandeurs.
Auf der untersten Ebene wurden die Ruderer oft von Wasser durchnässt, das durch die Ruderlöcher schwappte.

### DER KAPITÄN

Der „Trierarch" einer Triere aus der griechischen Stadt Athen, wie diese hier, war ein meist wohlhabender Bürger, der die Mannschaft bezahlte und das Schiff kampfbereit hielt.

## WIE DIE TRIERE DIE WELT VERÄNDERTE

Griechen und Perser führten unzählige Kriege – es gab gewaltige Invasionen, verzweifelte Verteidigungen, eroberte und wieder befreite Gebiete, erbitterte Kämpfe zu Land und zu Wasser. Bei all diesen Unruhen standen die Kriegsflotten mit den Trieren im Mittelpunkt. Sie nahmen an Seeschlachten teil, die weitreichende Auswirkungen auf die Kulturen Südeuropas, des Nahen Ostens und Nordafrikas hatten.

### SCHIFFSBESATZUNG

Die Mannschaft segelte und wartete das Schiff: Der Steuermann (kybernetes) hatte das Sagen und lenkte es. Der Ausguckposten (proreus) hielt Ausschau nach Orientierungspunkten und anderen Schiffen. Der Quartiermeister (pentekontarchos) organisierte Proviant. Der Schiffszimmermann (naupegos) führte Reparaturen durch. Für die Ruderer, denen ein Flötenspieler (auletes) den Rhythmus vorgab, waren der Rudermeister (keleustes) und zwei Aufseher (toicharchoi) verantwortlich. Zehn Matrosen kümmerten sich um Masten und Segel.

### MARINESOLDATEN

In der Schlacht sollten Trieren möglichst nah an ein gegnerisches Schiff herankommen, sodass die Krieger an Bord springen und angreifen konnten. Für diese gefährliche Aufgabe waren rund zehn mit Schilden, Schwertern und Speeren bewaffnete Krieger und mehrere Bogenschützen an Bord. Sie waren auch unverzichtbar, um die eigenen Ruderer zu verteidigen, wenn ihr Schiff angegriffen wurde.

### KURZE FAHRTEN

Trieren waren nicht für lange Fahrten gebaut und entfernten sich selten weit von der Küste. Sie hatten kaum Stauraum für Proviant und mussten nachts an den Strand gezogen werden, weil sich der Rumpf sonst mit Wasser vollsaugte. Sie waren jedoch so leicht, dass die Besatzung sie mit Seilen aus dem Wasser ziehen konnte.

### RAMMSPORN

Eine Triere war eine richtige Waffe. Einem feindlichen Schiff näherte sie sich mit Höchstgeschwindigkeit, rammte dessen Rumpf und fuhr schnell wieder davon. Eine erfolgreiche Attacke zertrümmerte die Ruder, riss den Rumpf auf und versetzte die Gegner in Panik.

# WIKINGERSCHIFF

## SCHNELL UND FURCHTERREGEND

Die Heimat der Wikinger war voller dichter Wälder und Berge. Da es leichter war, über Wasser zu reisen als über Land, wurden sie meisterhafte Bootsbauer. Sie entwickelten das fortschrittlichste Schiff ihrer Zeit – das Langschiff, mit dem sie ganz Europa in Angst und Schrecken versetzten. Schon der Anblick der vom Wind geblähten rot-weißen Segel und der axtschwingenden Krieger ließ die Menschen erzittern.

### DIE WIKINGER

Als Wikinger bezeichnen wir die Menschen, die in einem Gebiet siedelten, in dem heute die skandinavischen Länder Schweden, Dänemark und Norwegen liegen. Zwischen 790 und 1066 n. Chr. segelten sie von ihrer kalten Heimat aus los, um weit entfernte Orte zu überfallen, auszurauben und Gefangene zu nehmen. Aber sie waren nicht nur Plünderer, sondern auch Entdecker, geschickte Handwerker und geschäftstüchtige Händler.

### GALIONSFIGUR

Die Wikinger schmückten ihre Schiffe gern mit furchterregenden, kunstvoll geschnitzten Figuren. Beliebt waren Drachen, die ihre Feinde erschrecken sollten.

### MIT WINDKRAFT

Auf langen Fahrten hissten die Wikinger die großen, viereckigen, oft bunt gefärbten Wollsegel und ließen den Wind für sich arbeiten. Den Segelmast konnten sie in unter 2 Minuten auf- und abbauen.

### ZAHLEN UND FAKTEN

- **TYP:** Langschiff
- **BESATZUNG:** 35–70
- **ANTRIEB:** Segel und 20–30 Ruder
- **HÖCHSTGESCHWINDIGKEIT:** 30 km/h
- **MAẞE:** Länge: 14–23 m; Breite: 2,5–4 m; Höhe: 16–20 m

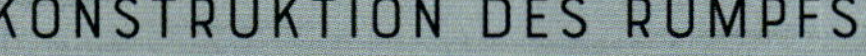

### KONSTRUKTION DES RUMPFS

Zuerst wurde aus widerstandsfähigem Eichenholz der Kiel geschnitzt, an dem dann mit Eisennägeln der Länge nach Planken befestigt wurden. Diese überlappten sich von unten nach oben, wobei die Lücken mit geteerter Wolle versiegelt wurden. Der Schiffsboden wurde mit waagerechten Holzstreben verstärkt und dann das Holzdeck aufgesetzt. Am Ende wurde der fertige Rumpf mit Teer wasserdicht gemacht.

## WIE DAS WIKINGERSCHIFF DIE WELT VERÄNDERTE

Fast 300 Jahre lang beherrschten die Wikinger die Meere in Nordeuropa, niemand konnte es mit ihrer Schiffsbaukunst und ihrer Segeltechnik aufnehmen. Die großen Langschiffe ermöglichten es ihnen, auf Raubzüge zu gehen, Handel zu treiben und Gebiete in Großbritannien, Nordfrankreich, Russland, im Mittelmeerraum und sogar in Amerika zu erkunden.

### ATTACKE!

Die Langschiffe waren so gebaut, dass sie schnell durchs Wasser gleiten, den Stürmen auf hoher See trotzen und seichte Flüsse hinauffahren konnten. Sie waren so leicht, dass es auch möglich war, sie über Land zu tragen. Mit ihren Schiffen konnten die Wikinger fast überall hinfahren – niemand war vor ihnen sicher.

### LEBEN AN BORD

Als Seeleute, Krieger, Entdecker, Händler und manchmal Siedler in unbekannten Ländern hatte die Besatzung viele Aufgaben. Die langen Seereisen bei stürmischer See und Regen verlangten ihnen viel ab und schales Essen, fauliges Wasser sowie stundenlanges, kräftezehrendes Rudern gehörten zu ihrem Alltag.

### MIT RUDERKRAFT VORAUS

Gab es keinen Wind, wurde das Langschiff mit Rudern angetrieben. Rudern war harte Arbeit, machte die Wikinger aber auch stark. Sie saßen auf der Ducht, den Ruderbänken, unter denen ihre Habseligkeiten lagerten. Waffen und Proviant wurden unter losen Deckbrettern verstaut.

### VORWÄRTS UND RÜCKWÄRTS

Weil Bug und Heck die gleiche Form hatten, konnten die Schiffe genauso schnell rückwärtsfahren wie vorwärts.

### BALLAST

Der Kiel wurde mit großen Steinen beschwert, um das Schiff stabil zu halten.

### RUDER

Der Steuermann lenkte das Schiff mit seinem Ruder.

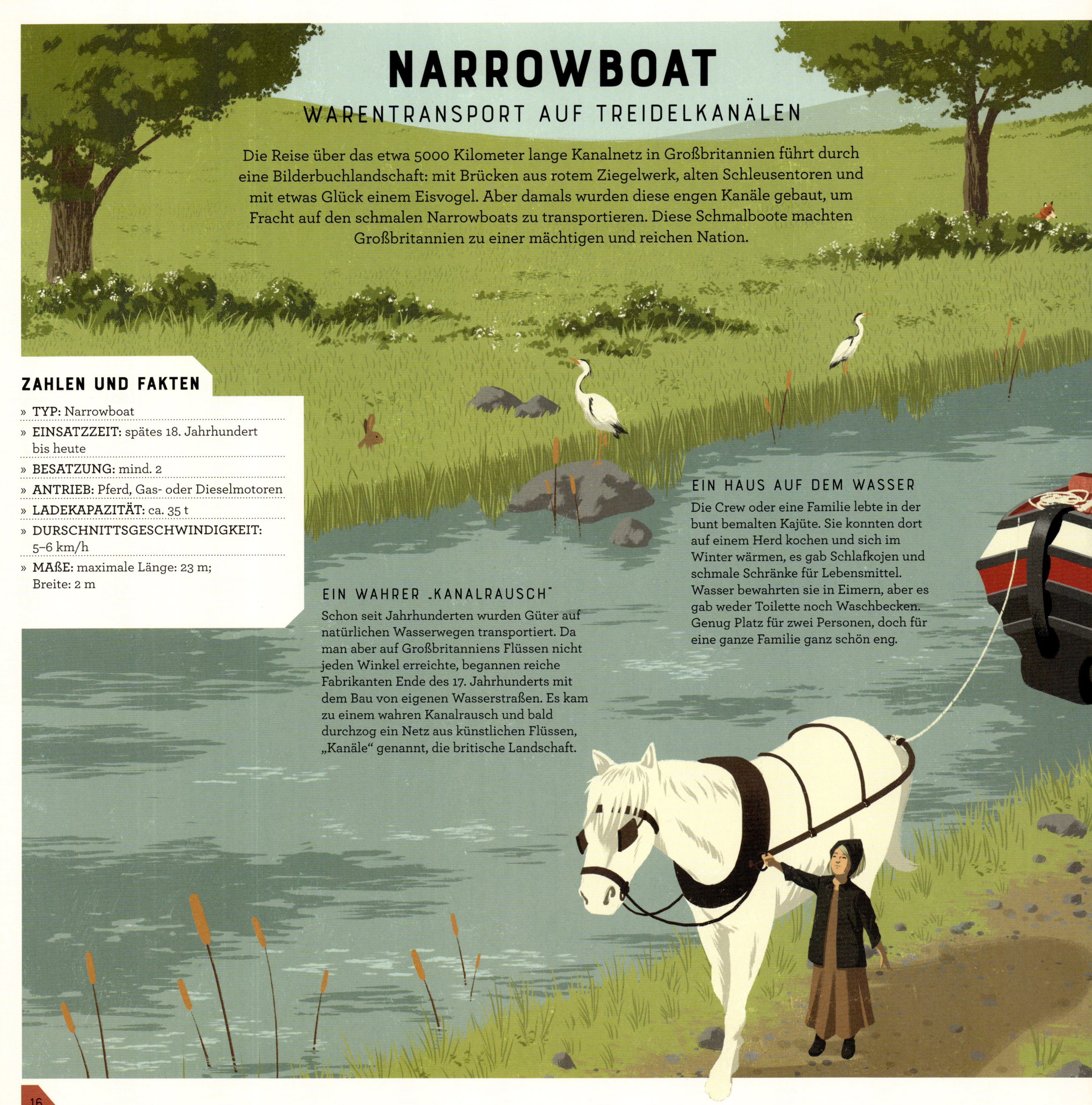

# NARROWBOAT

## WARENTRANSPORT AUF TREIDELKANÄLEN

Die Reise über das etwa 5000 Kilometer lange Kanalnetz in Großbritannien führt durch eine Bilderbuchlandschaft: mit Brücken aus rotem Ziegelwerk, alten Schleusentoren und mit etwas Glück einem Eisvogel. Aber damals wurden diese engen Kanäle gebaut, um Fracht auf den schmalen Narrowboats zu transportieren. Diese Schmalboote machten Großbritannien zu einer mächtigen und reichen Nation.

### ZAHLEN UND FAKTEN

- **TYP:** Narrowboat
- **EINSATZZEIT:** spätes 18. Jahrhundert bis heute
- **BESATZUNG:** mind. 2
- **ANTRIEB:** Pferd, Gas- oder Dieselmotoren
- **LADEKAPAZITÄT:** ca. 35 t
- **DURSCHNITTSGESCHWINDIGKEIT:** 5–6 km/h
- **MAẞE:** maximale Länge: 23 m; Breite: 2 m

### EIN WAHRER „KANALRAUSCH"

Schon seit Jahrhunderten wurden Güter auf natürlichen Wasserwegen transportiert. Da man aber auf Großbritanniens Flüssen nicht jeden Winkel erreichte, begannen reiche Fabrikanten Ende des 17. Jahrhunderts mit dem Bau von eigenen Wasserstraßen. Es kam zu einem wahren Kanalrausch und bald durchzog ein Netz aus künstlichen Flüssen, „Kanäle" genannt, die britische Landschaft.

### EIN HAUS AUF DEM WASSER

Die Crew oder eine Familie lebte in der bunt bemalten Kajüte. Sie konnten dort auf einem Herd kochen und sich im Winter wärmen, es gab Schlafkojen und schmale Schränke für Lebensmittel. Wasser bewahrten sie in Eimern, aber es gab weder Toilette noch Waschbecken. Genug Platz für zwei Personen, doch für eine ganze Familie ganz schön eng.

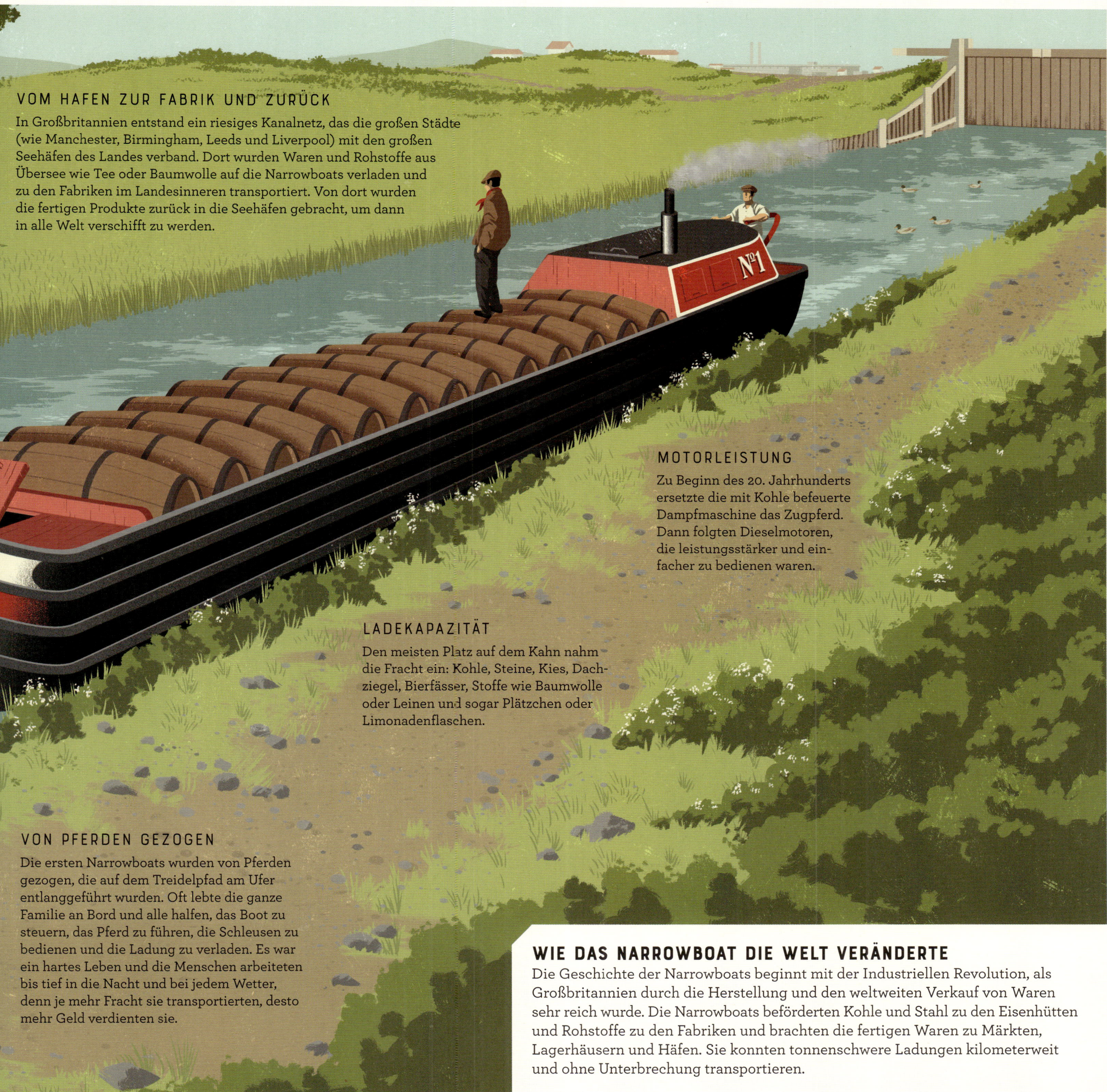


## VOM HAFEN ZUR FABRIK UND ZURÜCK

In Großbritannien entstand ein riesiges Kanalnetz, das die großen Städte (wie Manchester, Birmingham, Leeds und Liverpool) mit den großen Seehäfen des Landes verband. Dort wurden Waren und Rohstoffe aus Übersee wie Tee oder Baumwolle auf die Narrowboats verladen und zu den Fabriken im Landesinneren transportiert. Von dort wurden die fertigen Produkte zurück in die Seehäfen gebracht, um dann in alle Welt verschifft zu werden.

## MOTORLEISTUNG

Zu Beginn des 20. Jahrhunderts ersetzte die mit Kohle befeuerte Dampfmaschine das Zugpferd. Dann folgten Dieselmotoren, die leistungsstärker und einfacher zu bedienen waren.

## LADEKAPAZITÄT

Den meisten Platz auf dem Kahn nahm die Fracht ein: Kohle, Steine, Kies, Dachziegel, Bierfässer, Stoffe wie Baumwolle oder Leinen und sogar Plätzchen oder Limonadenflaschen.

## VON PFERDEN GEZOGEN

Die ersten Narrowboats wurden von Pferden gezogen, die auf dem Treidelpfad am Ufer entlanggeführt wurden. Oft lebte die ganze Familie an Bord und alle halfen, das Boot zu steuern, das Pferd zu führen, die Schleusen zu bedienen und die Ladung zu verladen. Es war ein hartes Leben und die Menschen arbeiteten bis tief in die Nacht und bei jedem Wetter, denn je mehr Fracht sie transportierten, desto mehr Geld verdienten sie.

## WIE DAS NARROWBOAT DIE WELT VERÄNDERTE

Die Geschichte der Narrowboats beginnt mit der Industriellen Revolution, als Großbritannien durch die Herstellung und den weltweiten Verkauf von Waren sehr reich wurde. Die Narrowboats beförderten Kohle und Stahl zu den Eisenhütten und Rohstoffe zu den Fabriken und brachten die fertigen Waren zu Märkten, Lagerhäusern und Häfen. Sie konnten tonnenschwere Ladungen kilometerweit und ohne Unterbrechung transportieren.

# HEIßLUFTBALLON

## AUF UND DAVON!

An einem kalten, klaren Wintertag im Jahr 1783 fand in Frankreich ein Ereignis historischer Größe statt. Unter großer Anteilnahme der Bevölkerung hoben ein Physiker und ein Gardeoffizier in einem wunderbaren blauen Heißluftballon vom Boden ab und schwebten über Paris davon. Sie waren die ersten Ballonfahrer der Geschichte und sicher war es großartig, wie Vögel auf die Welt hinabzublicken.

### ZAHLEN UND FAKTEN

- » NAME: *Aerostatischer Ballon*
- » ERFINDER: Joseph-Michel und Jacques-Étienne Montgolfier
- » ERSTER BEMANNTER AUFSTIEG (am Boden verankert): 15. Oktober 1783
- » ERSTE BEMANNTE FAHRT: 21. November 1783
- » ERREICHTE HÖHE: 910 m
- » ZURÜCKGELEGTE STRECKE: 9 km
- » BESATZUNG: 2
- » DURCHSCHNITTS-GESCHWINDIGKEIT: 8–16 km/h
- » MAßE: Höhe: 23 m; Breite: 15 m; Gewicht: 780 kg; Tragfähigkeit: 800 kg; Gasvolumen: 2000 $m^2$

### DIE GEBRÜDER MONTGOLFIER

Die Brüder Joseph-Michel und Jacques-Étienne Montgolfier gelten als Erfinder des Heißluftballons. Joseph sah, dass Rauch über einem Feuer nach oben steigt. Daraufhin machte er ein Feuer unter einer Kiste aus leichtem Holz, die dann bis zur Decke schoss. Die Brüder experimentierten weiter und ersetzten die Kiste durch eine große, luftdichte Hülle aus Leinwand, die innen mit Papier abgedichtet war. Sie wollten ein Fahrzeug bauen, das leichter als Luft war und einen Menschen in die Höhe trug.

## PIONIERE DER BALLONFAHRT

Niemand wusste, wie sich das Fliegen auf den menschlichen Körper auswirkte. Im September 1783 ließen die Brüder daher zunächst ein Schaf, einen Hahn und eine Ente in einer Gondel hochsteigen. Der Ballon fuhr etwa 3 Kilometer, bis die Tiere verschreckt, aber unversehrt in einem Wald landeten. Danach erlaubte der französische König Ludwig XVI., dass Menschen mitfuhren. Zuerst wollte man zwei Sträflinge in den Ballon setzen, aber die Idee wurde verworfen.

## AUFSTIEG

Der Ballon wurde mit heißer Luft gefüllt – die ist leichter als kalte Luft und bringt ihn so zum Schweben. Die Öffnung an der Unterseite wurde über einem Feuer platziert, bis er abheben konnte. Zwei Stangen und Seile hielten ihn so lange am Boden. Moderne Heißluftballons funktionieren ähnlich: Durch das Verbrennen von flüssigem Gas wird heiße Luft erzeugt, die in eine Hülle aus Nylon oder Polyester strömt. Die Passagiere reisen in einer darunter befestigten Gondel.

## BEKANNTSCHAFTEN IN HOHEN POSITIONEN

Die erfolgreichen Experimente der Montgolfier-Brüder weckten bald das Interesse der Akademie der Wissenschaften und des Königs Ludwig XVI. Kurz darauf war das ganze Land von Heißluftballons fasziniert. Häufig fanden öffentliche Vorführungen der Montgolfiers vor der königlichen Familie, dem Adel und wichtigen Leuten aus aller Welt statt.

## WIE DER HEIßLUFTBALLON DIE WELT VERÄNDERTE

Der Heißluftballon war das erste Fahrzeug, mit dem Menschen fliegen konnten. Kein Wunder also, dass er die Menschen bald auf neue Ideen brachte. Armeen nutzten ihn, um feindliche Stellungen in der Schlacht auszukundschaften. Als verlässliches Transportmittel waren Heißluftballons aber ungeeignet, da sie nicht zu steuern waren, sondern fuhren, wie der Wind sie trieb. Doch dienten sie späteren Erfindern als Inspiration zur Entwicklung weiterer fliegender Fahrzeuge.

# SEGELLINIENSCHIFF

## DAS GRÖßTE KRIEGSSCHIFF DER WELT

Die *Santísima Trinidad* wurde gebaut, um feindliche Schiffe mit Kanonensalven zu zerschmettern. Sie war der erste Vierdecker der Welt und das größte Kriegsschiff ihrer Zeit. Weil sie so groß war, ließ sie sich aber auch schwerer steuern und war somit leichter zu treffen. 1805 wurde sie in der Schlacht bei Trafalgar von der britischen Royal Navy schwer beschädigt, gekapert und schließlich versenkt. Ein trauriges Schicksal für so ein großartiges Schiff und seine Besatzung.

### DIE GROßE ZEIT DER SEGELSCHIFFE

Die *Santísima Trinidad* war komplett aus Holz. Dafür brauchte es Hunderte qualifizierter Arbeitskräfte, sehr viel Zeit und Unmengen an Holz. Ganze Wälder sorgfältig ausgewählter Bäume wurden gefällt und dann 10 Jahre getrocknet, bevor sie zu Kiel, Rumpf, Deck, Reling, Schotten, Masten und Spieren wurden. Manchmal wurde der Rumpf mit Kupferblechen ummantelt, um Holzwurm, Algen und Seepocken fernzuhalten und das Holz vorm Vermodern zu schützen.

### ZAHLEN UND FAKTEN

- » **NAME:** *Santísima Trinidad*
- » **TYP:** Linienschiff des ersten Rangs
- » **GEBAUT IN:** Havanna, Kuba
- » **EIGNER:** Armada Española – die spanische Kriegsmarine
- » **EINSATZZEIT:** 1769–1805
- » **BESATZUNG:** ca. 1200
- » **HÖCHSTGESCHWINDIGKEIT:** ca. 18 km/h
- » **MAXIMALE BEWAFFNUNG:** 140 Kanonen
- » **MAßE:** Länge (Geschützdeck): 61,3 m; Breite: 16,2 m; Gewicht: 4950 t

### HISST DIE SEGEL!

Jedes Segel musste von Hand eingeholt oder gesetzt werden, um das Schiff abzubremsen oder zu beschleunigen. Beim Aufstieg zu den Segeln kletterten die Matrosen wie auf einer Strickleiter (Webleinen) hoch zu den Masten und hangelten sich dann mit Fußpferden (Tau, auf dem die Seeleute stehen) an den horizontalen Balken (Spieren) entlang. Die Ausbildung zum Seemann dauerte lange und das Matrosenleben war gefährlich: Ein Sturz aus der Takelage bedeutete schwerste Verletzungen oder den Tod.

## WIE DAS SEGELLINIENSCHIFF DIE WELT VERÄNDERTE

Linienschiffe wurden vom 17. bis zum Beginn des 20. Jahrhunderts eingesetzt – vor allem von Großbritannien, Spanien und Frankreich, den wichtigsten europäischen Mächten dieser Zeit. „Linienschiff" heißt es, weil diese Schiffe im Gefecht hintereinander in einer Kiellinie segelten. Diese schwimmenden Kampfstationen patrouillierten die Meere vom Atlantik über den Pazifik bis zum Indischen Ozean, um wertvolle Frachtschiffe zu beschützen und in Schlachten zu kämpfen.

### DAS MATROSENLEBEN

Das Matrosenleben war hart, die Tage lang und mit anstrengenden Aufgaben gefüllt: Deck schrubben, Webleinen emporklettern, Segel flicken, das Abfeuern der Kanonen üben. Für Regelverstöße gab es harte Strafen. Aber es gab drei warme Mahlzeiten am Tag: Salzfisch, Rind- und Schweinefleisch, Käse, Brot, Kekse, Haferflocken und Suppe. Dazu verdünntes Bier oder Wein. Sie schliefen in Hängematten, die zwischen den Kanonen aufgehängt wurden.

### DIE SEESCHLACHT

Ziel der Beschießung war oft nicht, das feindliche Schiff zu versenken – dazu war es viel zu wertvoll. Besser war es, es kampfunfähig zu machen, um es dann entern zu können. Dazu wurde entweder der Rumpf durchschossen. Oder die Besatzung schoss Kettenkugeln ab – zwei Kugeln, die mit einer Kette verbunden waren –, die die Taue durchtrennten und Mast und Segel einrissen.

### 112-KANONEN-LINIENSCHIFF

Ursprünglich war die *Santísima Trinidad* ein Dreidecker mit 112 Kanonen. Dann beschloss die spanische Marine, die Bewaffnung aufzurüsten: Sie bekam ein viertes Kanonendeck mit weiteren 28 Kanonen. Damit war sie das am besten bewaffnete Schlachtschiff ihrer Zeit. Die Kanonen wurden meistens der Reihe nach abgefeuert und nur selten aus voller Breitseite (alle auf einmal), da das Schiffsholz der enormen Erschütterung nicht lange standhielt.

# POSTKUTSCHE

## ECHTE PFERDESTÄRKEN

Wer im 19. Jahrhundert eine Reise unternahm, fuhr vielleicht mit der Postkutsche. Die Postkutschen wurden von kräftigen, gut ausgebildeten Kutschpferden gezogen und waren ganz schön schnell. Aber jedes Schlagloch und jede scharfe Kurve brachten die Postkutsche ins Wanken, ebenso wie die zusammengepferchten Passagiere, die sich auf dem Dach festhielten.

### BILLIGE PLÄTZE AUF DEM DACH

Postkutschen waren vierrädrige, robuste Pferdekutschen, die für lange Fahrten ausgelegt waren. Der Postkutscher oder Postillon saß vorne (manchmal in Begleitung eines Wachmanns) und lenkte die Pferde mit Zügeln und Peitsche. An einem Tag fuhren die Kutschen etwa 80 Kilometer. In der Kabine fanden bis zu sechs Fahrgäste Platz. Die Plätze auf dem Dach und zwischen den Koffern waren billiger, dort war man aber jedem Wetter ausgesetzt.

### ZAHLEN UND FAKTEN

- **BESATZUNG:** 1 Kutscher (und eventuell 1 Wachmann)
- **ANTRIEB:** Gespann aus 4 oder 6 Pferden
- **HÖCHSTGESCHWINDIGKEIT:** 9–18 km/h
- **FAHRGÄSTE:** 12
- **MASSE:** Länge: 4,1 m; Breite: 1,8 m; Höhe: 2,7 m

### UNFÄLLE UND ÜBERFÄLLE

Die Reise mit der Postkutsche war anstrengend und oft gefährlich. Unfälle waren keine Seltenheit, was an den schlechten Wegen lag: Räder sprangen ab, Achsen und Deichseln brachen, die Pferde gingen durch und die schwerbepackten Wagen stürzten um, blieben in Schlaglöchern stecken oder versanken im Morast. Dabei gab es häufig Tote und Verletzte. Manchmal fuhren auch bewaffnete Wachmänner mit, um die Postkutschen gegen die Überfälle von Wegelagerern zu verteidigen.

### AUF HOLPRIGEN WEGEN

Zwar waren Postkutschen eine der schnellsten Reisemöglichkeiten, aber die Fahrten konnten mehrere Tage dauern. Auf den oft schlecht gepflasterten Straßen wurden die eng beieinandersitzenden Passagiere ordentlich durchgerüttelt und litten häufig an Reisekrankheit. Wer auf dem Dach saß, lief zudem Gefahr, herunterzufallen.

## POSTKUTSCHENSTATIONEN

Auf ihren Reisen machten die Postkutschen regelmäßig Halt, um die Pferde zu wechseln – etwa alle 2 bis 3 Stunden (also ungefähr alle 15 Kilometer). In den Postkutschenstationen gab es eine Posthalterei (ein Gasthaus und Hotel mit Ställen), wo die Reisenden auf die Toilette gehen, essen oder übernachten konnten.

## WIE DIE POSTKUTSCHE DIE WELT VERÄNDERTE

Mit dem Ausbau der Landstraßen wurden die Fahrten mit der Postkutsche schneller und sicherer. Passagiere, Briefe und Pakete konnten jetzt auch im tiefsten Winter innerhalb kürzester Zeit befördert werden: Eine Fahrt, die vorher Wochen gebraucht hatte, dauerte jetzt nur noch ein paar Tage. Zwar waren Reisen mit der Postkutsche nicht ganz billig, doch so konnten viele Menschen weiter reisen als je zuvor.

## DIE PFERDE

Postkutschenpferde waren stark, ausdauernd und schnell. Meistens gehörten sie den Besitzern der Posthaltereien, die sie an das Postkutschenunternehmen vermieteten. Morgens fuhren die Gespanne los bis zur nächsten Station, wo sie sich erholen durften und Futter bekamen. Und manchmal auch ein neues Hufeisen. Am Abend oder am nächsten Tag zogen sie die Kutsche aus der Gegenrichtung zurück in ihren Heimatstall – eine Rundreise von etwa 30 Kilometern.

## DER WEG ZUM ERFOLG

Bis Ende des 18. Jahrhunderts waren die meisten Straßen in Europa nur unbefestigte Feldwege. Reisen zu Fuß, mit dem Pferd oder dem Wagen waren langsam und mühselig, vor allem im Winter, wenn der Untergrund entweder gefroren und steinhart oder morastig war. Das wurde besser, als die Landstraßen ausgebaut und geebnet wurden. Die Postkutschen wurden schneller und die Zahl der Unfälle ging zurück.

# DAMPFLOKOMOTIVE

## DER MOTOR DER MODERNE

Anfang des 19. Jahrhunderts schlängelten sich plötzlich merkwürdig glänzende Schienen aus Eisen durch die nordenglische Landschaft. Schaulustige sahen hinter Bäumen weißen Rauch aufsteigen und hörten ein entferntes Schnaufen. Und dann kam eine große, leuchtend gelbe Maschine herangeprescht, schneller als ein Pferd. Die *Rocket* – die erste Dampflokomotive Englands – setzte eine weltweite Verkehrsrevolution in Gang und veränderte die Welt für immer.

### DAMPF UND RAUCH

Bei der *Rocket* wird in der „Feuerbüchse" Kohle verbrannt, um Wasser im Heizkessel zum Kochen zu bringen. Dabei entsteht Wasserdampf, der durch Rohre zu Kolben geleitet wird und diese in Bewegung setzt. Jeder Kolben hat eine Antriebsstange, die mit einem Antriebsrad verbunden ist. Wenn die Kolben auf und ab pumpen, drehen die Antriebsstangen die Antriebsräder und die Lok setzt sich in Bewegung. Der Rauch des Feuers entweicht durch den Schornstein und erzeugt das schnaufende Geräusch.

### ZAHLEN UND FAKTEN

» **NAME:** *The Rocket* („Die Rakete")
» **ERFINDER:** Robert Stephenson
» **HERSTELLER:** Robert Stephenson and Company, Newcastle-Upon-Tyne, UK
» **GEBAUT:** 1829
» **STRECKE:** Liverpool–Manchester
» **BESATZUNG:** 2 (Lokführer, Heizer)
» **BRENNSTOFF:** Koks (veredelte Kohle)
» **HÖCHSTGESCHWINDIGKEIT:** 48 km/h
» **MAßE:** Länge: 6,6 m (mit Kohlenwagen); Breite: 1,85 m; Höhe: 4,9 m (bis Schornsteinspitze); Gewicht mit Brennstoff und Fahrgästen 4,3 t



### DAS RENNEN VON RAINHILL

1829 mussten die Betreiber der neuen Bahnstrecke Liverpool–Manchester entscheiden, welche Dampflokomotive sie einsetzen wollten. Also lud man Ingenieure ein, ihre Erfindungen bei einem Wettbewerb vorzuführen, wobei der Gewinner 500 Pfund (heute etwa 55.000 Euro) erhielt. Fünf Lokomotiven nahmen teil. Vor Tausenden von Zuschauern zogen die zischenden Maschinen abwechselnd beladene Waggons, bis eine nach der anderen ausfiel. Nur die *Rocket* erreichte das Ziel.

## WIE DIE DAMPFLOKOMOTIVE DIE WELT VERÄNDERTE

Stephensons *Rocket* war eine der bedeutendsten technischen Leistungen ihrer Zeit. Schon bald wurden viele andere Eisenbahnen mit Dampflokomotiven fertiggestellt, um Personen und Güter zu transportieren. Innerhalb von 20 Jahren wurden in Großbritannien 10.000 Kilometer Eisenbahnstrecke gebaut. Die Lokomotiven waren viel schneller als die Narrowboats und transportierten größere Mengen über weitere Strecken. In den nächsten 150 Jahren wurden sie zu Zehntausenden auf der ganzen Welt zum Transport eingesetzt.

### 25 KLEINE ROHRE

Die frühen Lokomotiven hatten ein oder zwei große Feuerrohre aus Kupfer, die von der Feuerbüchse in den mit Wasser gefüllten Kessel führten. Wenn sie heiß wurden, erhitzten sie auch das Wasser. Stephenson beschloss, 25 kleine Feuerrohre statt ein oder zwei großer einzubauen, wodurch das Wasser schneller und sparsamer aufgeheizt wurde.

### ABGEWINKELTE KOLBEN

Bis 1829 hatten Dampflokomotiven meist senkrecht stehende Antriebskolben, wodurch sie stark ins Schwanken gerieten. Stephenson montierte die Kolben der *Rocket* in einem 45 Grad-Winkel, wodurch sie deutlich stabiler fuhr.

### EIN ÜBERSEHENER PIONIER

Der Ingenieur und Maschinenbauer Richard Trevithick war der erste, der eine Dampfmaschine auf Schienen setzte, und der Erfinder der ersten selbstfahrenden Lokomotive. Er hatte für ein Eisenwerk in Wales eine Hochdruck-Dampfmaschine entwickelt, die er zu einer Lok umbaute. Im Februar 1804 beförderte sie 10 Tonnen Eisen und 70 Männer über eine Strecke von 16 Kilometern. Stephenson entwickelte Trevithicks Erfindung und andere frühere Dampflokkonstruktionen mit seiner *Rocket* weiter. Die wiederum wurde zur Vorlage für die Dampfloks der nächsten 150 Jahre.

### ZWEI ANTRIEBSRÄDER

Die *Rocket* hatte nur zwei Antriebsräder (Räder, die von Kolben und Antriebsstange bewegt wurden) statt der üblichen vier. Das hintere Räderpaar hatte keinen Antrieb. Die vereinfachte Konstruktion sorgte dafür, dass mechanische Ausfälle weniger wahrscheinlich waren.

# U-BOOT

## 20.000 MEILEN UNTER DEM MEER

70 Prozent der Erde sind von Ozeanen bedeckt, doch bis heute ist die Tiefsee weitgehend unerforscht. Es ist dort sehr gefährlich für uns Menschen: Es gibt keinen Sauerstoff zum Atmen, mit jedem Meter sinkt die Temperatur, der Druck steigt auf ein tödliches Niveau, das Sonnenlicht verschwindet in der Dunkelheit ... und dann in der völligen Finsternis. Trotzdem versuchen wir seit Jahrhunderten, diese geheimnisvolle Welt mit ihren faszinierenden Kreaturen zu erforschen – mit Unterseebooten wie der *Ictíneo II*.

### ZAHLEN UND FAKTEN

- **NAME:** *Ictíneo II*
- **ERFINDER:** Narcís Monturiol
- **EINSATZZEIT:** Mai 1865 – Dezember 1867
- **BESATZUNG:** Kapitän und mind. 4 Besatzungsmitglieder
- **ANTRIEB:** Propeller, von luftunabhängiger Dampfmaschine angetrieben
- **GESCHWINDIGKEIT:** 8 km/h (aufgetaucht)
- **TIEFSTER TAUCHGANG:** 30 m
- **RÜMPFE:** 2 (Innen- und Außenhülle)
- **MAẞE:** Länge: 14 m; Breite: 2 m; Tiefgang (Höhe): 3 m

### UNTERWASSER-DAMPFMASCHINE

Die *Ictíneo II* war eins der ersten U-Boote mit maschinellem Antrieb. Entworfen und gebaut wurde sie vom spanischen Ingenieur Narcís Monturiol, der sie 1864 vom Stapel ließ. Um den Propeller anzutreiben, nutzte er eine Dampfmaschine. Da man in einem U-Boot aber kein Feuer anzünden kann, weil es den ganzen Sauerstoff verbrauchen würde, entwickelte Monturiol eine geniale Methode, um das Wasser der Dampfmaschine durch eine chemische Reaktion zu erhitzen, die zusätzlich sogar noch Sauerstoff zum Atmen produzierte.

## DIE SCHILDKRÖTE

Das erste richtige U-Boot wurde 1775 in den USA gebaut und hieß *Turtle*. Es sollte sich unbemerkt feindlichen Schiffen nähern, um sie mit Sprengstoff zu versenken. Das aus Eichenholz und Eisen gebaute Gefährt war gerade groß genug für eine Person und sah von außen wie ein Schildkrötenpanzer aus, daher der Name. Von zwei Propellern angetrieben hatte es außerdem ein handgekurbeltes Ruder, einen Tiefenmesser, einen Kompass sowie eine Sichtluke. Für Nervenkitzel sorgte, dass zum Abtauchen Wasser eingelassen werden musste, das zum Auftauchen wieder abgepumpt wurde. Bei ihrer ersten und einzigen Mission gelang es nicht, das gegnerische Schiff zu versenken.

## MODERNE U-BOOTE

Bis U-Boote sicher und zuverlässig wurden, brauchte es eine lange Zeit. Das meistproduzierte war das in Deutschland gebaute U-Boot des Typs VII, das einen Dieselmotorantrieb hatte. Zwischen 1936 und 1945 wurden 703 Exemplare hergestellt. Es konnte monatelang auf See bleiben und bis zu 230 Meter tief tauchen. 1954 lief das erste U-Boot mit Atomantrieb vom Stapel: Die USS *Nautilus* musste nicht auftanken, konnte bis zu 43 Kilometer pro Stunde fahren und monatelang unter Wasser bleiben. 1958 gelang ihr die Nordpol-Unterquerung: fast 3000 Kilometer unter dem Eis.

## ZWEI RÜMPFE UND VIER TANKS

Wie die meisten modernen U-Boote hatte die *Ictíneo II* zwei Rümpfe: Der äußere Rumpf war stromlinienförmig, um schnell durchs Wasser zu gleiten. Der wasserdichte innere Rumpf – der Druckkörper – schützte die Besatzung vor dem Wasserdruck. Zwischen Außenhülle und Druckkörper gab es vier mit Wasser gefüllte Ballasttanks, in die zum Auftauchen Luft gepumpt wurde. Der Steuermann saß im Kommandoturm und blickte durch Glasfenster nach draußen. Die *Ictíneo II* war eins der sichersten und besten frühen U-Boote.

## WIE DAS U-BOOT DIE WELT VERÄNDERTE

Seit dem ersten Tauchgang der *Turtle* haben sich U-Boote stark weiterentwickelt: Sie können große Tiefen erreichen, Tausende von Kilometern fahren, ohne aufzutauchen, und ihre Besatzung ist vor den Gefahren der Unterwasserfahrt gut geschützt. Mit jedem Tauchgang erfahren wir mehr über die Geheimnisse, die auf dem Grund unserer endlosen Ozeane schlummern.

# DAMPFSCHIFF

## MIT SCHAUFELRAD UND DAMPFKRAFT

Im 19. Jahrhundert waren auf dem Mississippi Hunderte von Schaufelraddampfern unterwegs. Wie schon ihr Name sagt, wurden sie von Dampfmaschinen angetrieben. Die rauchenden Ungetüme erinnerten ein wenig an Hochzeitstorten: außen weiß, mehrstöckig und mit prachtvollen Verzierungen. Innen erhellten Kristall-Kronleuchter und Oberlichter aus buntem Glas die luxuriösen Säle, in denen die Passagiere fürstlich speisten oder Spiele spielten. 100 Jahre lang dampften die riesigen Schiffe über den Mississippi, um Güter, Reisende und Abenteurer über den Fluss zu transportieren.

### ZAHLEN UND FAKTEN

- **NAME:** *Natchez VI*
- **GEBAUT IN:** Cincinnati, USA
- **BETRIEBSDAUER:** 1869–79
- **ANZAHL DER FAHRTEN:** 401
- **BESATZUNG:** ca. 50
- **LADEKAPAZITÄT:** 5500 Ballen Baumwolle
- **DURCHSCHNITTS-GESCHWINDIGKEIT:** 12–15 km/h
- **MAßE:** Länge: 92 m; Breite: 14 m; Höhe: 10 m
- **SCHAUFELMAßE:** Durchmesser: 13 m; Breite: 3,3 m

### IMMER DEN FLUSS ENTLANG

Um 1810 befuhren 20 Schaufelraddampfer wie die *Natchez VI* den 6000 Kilometer langen Mississippi – in den 1830er-Jahren waren es schon über 1200! Die Schiffe beförderten Reisende und Kaufleute, transportierten aber auch Baumwolle, Reis, Holz und Tabak. Aufgrund ihres geringen Tiefgangs liefen sie seltener auf Sandbänken auf und um unter Brücken hindurchzufahren, wurden einfach die riesigen Schornsteine abgesenkt.

### VOM SEGEL ZUM DAMPF

Schon Ende des 18. Jahrhunderts gab es Schiffe mit Dampfantrieb. Diese ersten Dampfer hatten jedoch nicht genug Kraft, gingen oft kaputt und waren für lange Reisen völlig ungeeignet. Ingenieure erkannten jedoch ihr enormes Potenzial und entwickelten immer bessere Maschinen. Mitte des 19. Jahrhunderts wurden schaufelgetriebene Dampfschiffe weltweit eingesetzt, um Passagiere und Güter auf Flüssen, Seen und Kanälen zu transportieren.

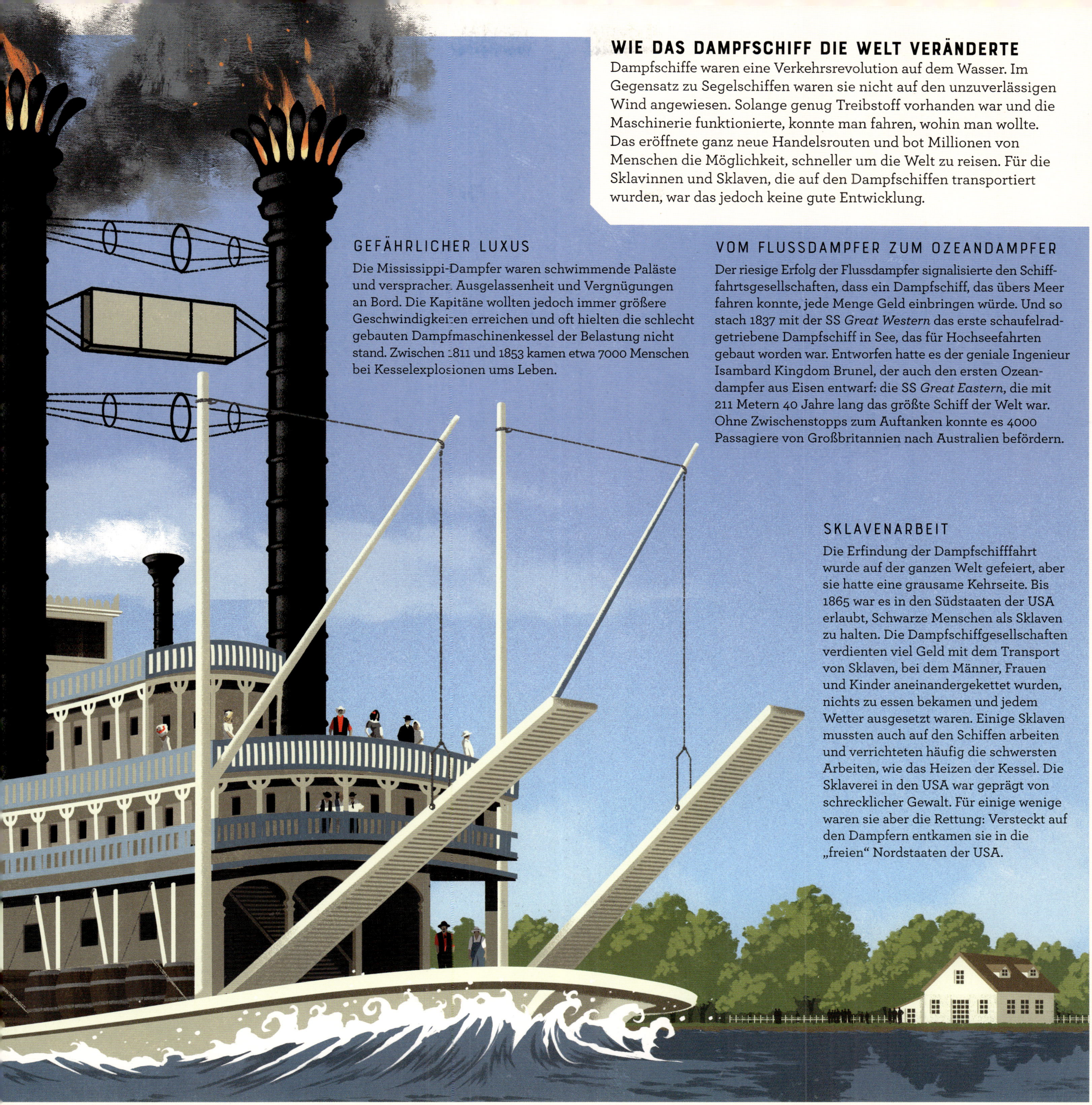

## WIE DAS DAMPFSCHIFF DIE WELT VERÄNDERTE

Dampfschiffe waren eine Verkehrsrevolution auf dem Wasser. Im Gegensatz zu Segelschiffen waren sie nicht auf den unzuverlässigen Wind angewiesen. Solange genug Treibstoff vorhanden war und die Maschinerie funktionierte, konnte man fahren, wohin man wollte. Das eröffnete ganz neue Handelsrouten und bot Millionen von Menschen die Möglichkeit, schneller um die Welt zu reisen. Für die Sklavinnen und Sklaven, die auf den Dampfschiffen transportiert wurden, war das jedoch keine gute Entwicklung.

### GEFÄHRLICHER LUXUS

Die Mississippi-Dampfer waren schwimmende Paläste und versprachen Ausgelassenheit und Vergnügungen an Bord. Die Kapitäne wollten jedoch immer größere Geschwindigkeiten erreichen und oft hielten die schlecht gebauten Dampfmaschinenkessel der Belastung nicht stand. Zwischen 1811 und 1853 kamen etwa 7000 Menschen bei Kesselexplosionen ums Leben.

### VOM FLUSSDAMPFER ZUM OZEANDAMPFER

Der riesige Erfolg der Flussdampfer signalisierte den Schifffahrtsgesellschaften, dass ein Dampfschiff, das übers Meer fahren konnte, jede Menge Geld einbringen würde. Und so stach 1837 mit der SS *Great Western* das erste schaufelradgetriebene Dampfschiff in See, das für Hochseefahrten gebaut worden war. Entworfen hatte es der geniale Ingenieur Isambard Kingdom Brunel, der auch den ersten Ozeandampfer aus Eisen entwarf: die SS *Great Eastern*, die mit 211 Metern 40 Jahre lang das größte Schiff der Welt war. Ohne Zwischenstopps zum Auftanken konnte es 4000 Passagiere von Großbritannien nach Australien befördern.

### SKLAVENARBEIT

Die Erfindung der Dampfschifffahrt wurde auf der ganzen Welt gefeiert, aber sie hatte eine grausame Kehrseite. Bis 1865 war es in den Südstaaten der USA erlaubt, Schwarze Menschen als Sklaven zu halten. Die Dampfschiffgesellschaften verdienten viel Geld mit dem Transport von Sklaven, bei dem Männer, Frauen und Kinder aneinandergekettet wurden, nichts zu essen bekamen und jedem Wetter ausgesetzt waren. Einige Sklaven mussten auch auf den Schiffen arbeiten und verrichteten häufig die schwersten Arbeiten, wie das Heizen der Kessel. Die Sklaverei in den USA war geprägt von schrecklicher Gewalt. Für einige wenige waren sie aber die Rettung: Versteckt auf den Dampfern entkamen sie in die „freien“ Nordstaaten der USA.

# HOCHRAD

## VORFAHR DES FAHRRADS

Nur die abenteuerlustigsten viktorianischen Zeitgenossen wagten es, sich in den Sattel eines dieser seltsamen Apparate zu schwingen. Doch die frühen Räder waren zwischen 1870 und 1890 unglaublich beliebt. Sie waren zwar schwer zu beherrschen, denn von dem Riesenreifen fiel man leicht herunter, jedoch konnte man mit den Hochrädern weite Entfernungen zurücklegen – und das mit viel weniger Anstrengung als zu Fuß.

### AUF- UND ABSTEIGEN

Das knifflige Aufsteigen erforderte einiges an Geschick. Über dem Hinterrad befand sich ein kleiner Steg, auf den man den Fuß setzte, während man den Lenker festhielt. Das Rad setzte sich in Bewegung, man schwang sich in den Sattel und stellte beide Füße auf die Pedale. Dabei musste man lenken und das Gleichgewicht halten. Das Absteigen funktionierte wie das Aufsteigen, nur umgekehrt.

### ZAHLEN UND FAKTEN

- **NAME:** Hochrad
- **MODELL:** Zweirad (Direktantrieb)
- **ERFINDER:** Eugène Meyer
- **GEBAUT:** 1869
- **ANTRIEB:** Pedale
- **DURCHSCHNITTS-GESCHWINDIGKEIT:** 8–12 km/h
- **MAẞE:** Durchmesser Vorderrad: 1,5 m

### SATTEL

Auf dem Rahmen war ein Ledersattel befestigt, der auf einer Feder saß, um Stöße abzudämpfen.

### UNFALLGEFAHR

Das große Vorderrad machte das Hochrad schnell und komfortabel – aber auch extrem gefährlich. Schwere Stürze waren keine Seltenheit, da der Fahrer bei jedem plötzlichen Stopp, etwa durch ein Schlagloch, über den Lenker geschleudert wurde und mit dem Kopf voran auf dem Boden aufschlug, oft mit tödlichen Folgen.

### RAHMEN, RADGABEL UND LENKER

Der Rahmen bestand aus einem hohlen Stahlrohr, das sich am unteren Ende in eine Gabel teilte, an der das kleine Rad saß. Das große Vorderrad steckte an einer längeren Gabel, die oben am Rahmen in den Lenker mündete. Viele Hochrad-Modelle hatten absichtlich keine Bremsen, da man auch beim Bremsen schnell kopfüber stürzte.

## REIFEN

Der Vollgummireifen um das Speichenrad aus Stahl machte das Fahren auf unebenen Böden wie Kopfsteinpflaster angenehmer.

## DAS VORDERRAD

Das Besondere am Hochrad ist das riesige Vorderrad. Wenn der Fahrer in die Pedale trat, drehte er dieses Rad ohne eine Kette, was man als Direktantrieb bezeichnet. Je größer der Durchmesser des Rads, desto größer war die Strecke, die man mit einer Pedalumdrehung zurücklegte. Das machte das Hochrad so schnell.

## MEILENSTEINE DER FAHRRADENTWICKLUNG

Den Anstoß zur Entwicklung des Fahrrads gab Anfang des 19. Jahrhunderts der deutsche Erfinder Karl Drais mit seiner Draisine – das erste zweirädrige, lenkbare, durch menschliche Muskelkraft angetriebene Fahrzeug. Viele weitere Modelle folgten, doch erst das Hochrad von Eugène Meyer war auch für normale Menschen bezahlbar. Es wurde schnell sehr populär, doch häuften sich auch die Unfälle. Bald wurde das ungefährlichere Sicherheitsniederrad erfunden, das mit seinem dreieckigen Rahmen und der Kette, die die Pedale mit dem Hinterrad verbindet, den Fahrrädern von heute ähnelt.

## WIE DAS HOCHRAD DIE WELT VERÄNDERTE

Lange nutzte man Pferde und Kutschen, um in kurzer Zeit große Entfernungen zurückzulegen – einfache Leute konnte sich aber keine Pferde leisten. Das machte die Erfindung des Hochrads und später des modernen Fahrrads zu einer so bahnbrechenden Erfindung. Diese einfache Maschine bot die preiswerte Möglichkeit, mit der eigenen Beinkraft schnell viele Kilometer hinter sich zu lassen. Eine Fahrradbegeisterung, die bis heute anhält, erfasste die Welt.

# TEEKLIPPER

## MAJESTÄTISCHE HANDELSSCHIFFE

Der berühmte Teeklipper *Cutty Sark* war vor allem für eins gebaut: Geschwindigkeit. Denn im 19. Jahrhundert lieferten sich die Klipper erbitterte Rennen, um den Tee so schnell wie möglich von China nach Großbritannien zu bringen. Ihre extragroßen Segel beflügelten die eleganten Schiffe auf ihrem Weg über das Südchinesische Meer, den Indischen Ozean, den Atlantik, den Ärmelkanal und die Themse hinauf, um ihre kostbare Fracht in Rekordzeit nach London zu bringen.

### IM REKORDTEMPO ÜBER DAS MEER

Tee war im 19. Jahrhundert in Großbritannien ein teures Gut. Die britischen Teehändler wollten ihre Ware daher so schnell wie möglich von China nach London bringen, denn die erste Ladung einer neuen Ernte erzielte die besten Preise. Um die Geschwindigkeit zu erhöhen, wurde ein neuer Schiffstyp entwickelt: der Klipper. Er hatte zwar weniger Laderaum, war aber dafür dreimal so schnell wie die langsamen Frachter, die man „Ostindienfahrer“ nannte. Die *Cutty Sark* war einer der schnellsten Klipper ihrer Zeit. Von Australien nach England brauchte sie nur 73 Tage – ein Geschwindigkeitsrekord, den sie 10 Jahre lang hielt.

### ZAHLEN UND FAKTEN

- **NAME:** *Cutty Sark*
- **ENTWORFEN VON:** Hercules Linton
- **HERSTELLER:** Scott & Linton, Schottland, UK
- **BETREIBER:** Jock Willis Shipping Line
- **STAPELLAUF:** November 1869
- **TROCKENGELEGT:** 1954
- **BESATZUNG:** 28–35
- **ANTRIEB:** 2973 $m^2$ Segelfläche
- **HÖCHSTGESCHWINDIGKEIT:** 32,4 km/h
- **FRACHT:** Tee, Alkohol und Wolle
- **MAẞE:** Länge: 65 m; Breite: 11 m; Tiefgang: 6,4 m; Höhe (höchster Mast): 46 m

## WIE DER TEEKLIPPER DIE WELT VERÄNDERTE

Teeklipper waren die schnellsten Handelsschiffe der Welt. Die *Cutty Sark* glitt auch bei Höchstgeschwindigkeit mit Leichtigkeit übers Wasser. Einmal legte sie 672 Kilometer in nur 24 Stunden zurück. Mit den Klippern wurden kostbare Waren wie Tee, Wolle oder Gold in Rekordzeit übers Meer gebracht und die Menschen rissen sich um die Zeitungen, die berichteten, welcher Klipper das Rennen gewann. Die *Cutty Sark* wurde schließlich in ein Trockendock in London überführt und ist heute ein Museumsschiff.

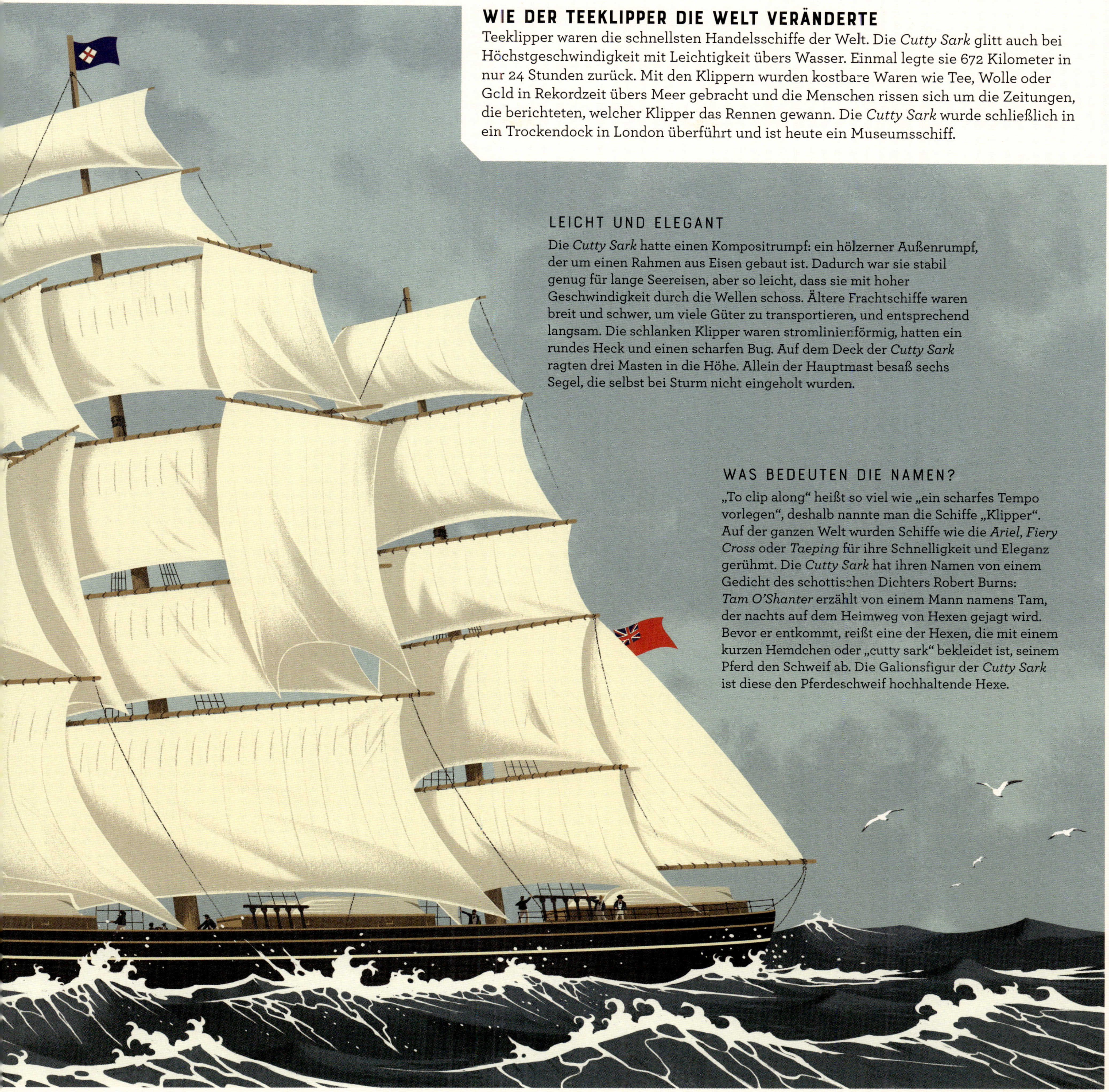

### LEICHT UND ELEGANT

Die *Cutty Sark* hatte einen Kompositrumpf: ein hölzerner Außenrumpf, der um einen Rahmen aus Eisen gebaut ist. Dadurch war sie stabil genug für lange Seereisen, aber so leicht, dass sie mit hoher Geschwindigkeit durch die Wellen schoss. Ältere Frachtschiffe waren breit und schwer, um viele Güter zu transportieren, und entsprechend langsam. Die schlanken Klipper waren stromlinienförmig, hatten ein rundes Heck und einen scharfen Bug. Auf dem Deck der *Cutty Sark* ragten drei Masten in die Höhe. Allein der Hauptmast besaß sechs Segel, die selbst bei Sturm nicht eingeholt wurden.

### WAS BEDEUTEN DIE NAMEN?

„To clip along" heißt so viel wie „ein scharfes Tempo vorlegen", deshalb nannte man die Schiffe „Klipper". Auf der ganzen Welt wurden Schiffe wie die *Ariel*, *Fiery Cross* oder *Taeping* für ihre Schnelligkeit und Eleganz gerühmt. Die *Cutty Sark* hat ihren Namen von einem Gedicht des schottischen Dichters Robert Burns: *Tam O'Shanter* erzählt von einem Mann namens Tam, der nachts auf dem Heimweg von Hexen gejagt wird. Bevor er entkommt, reißt eine der Hexen, die mit einem kurzen Hemdchen oder „cutty sark" bekleidet ist, seinem Pferd den Schweif ab. Die Galionsfigur der *Cutty Sark* ist diese den Pferdeschweif hochhaltende Hexe.

# LÖSCHWAGEN

## KATASTROPHENSCHUTZFAHRZEUG

Feuer ist für uns Menschen sehr wichtig. Schon in der Steinzeit haben wir damit Essen gekocht, uns gewärmt und hatten Licht. Aber es hat auch eine extrem zerstörerische Kraft. Es kann ganze Wälder und Städte in Schutt und Asche legen, schnell um sich greifen und alles verschlingen. Die ersten Feuerlöschwagen, mit denen Feuerwehrleute die Brände schnell erreichen und unter Kontrolle bringen konnten, wurden von tapferen Pferden gezogen, von denen manche sogar richtig berühmt wurden.

The Black Horse
PUBLIC HOUSE

### ZAHLEN UND FAKTEN

- **MODELL:** Pferdebespannte Dampffeuerspritze
- **HERSTELLER:** Shand Mason, UK
- **GEBAUT:** 1889
- **BESATZUNG:** 5–6 Feuerwehrleute
- **ANTRIEB:** 2 Pferde
- **DURCHSCHNITTSGESCHWINDIGKEIT:** 20 km/h
- **PUMPENKAPAZITÄT:** 4500 l/min
- **MAẞE:** Länge: 4,42 m; Breite: 2 m; Höhe: 2,6 m; Höhe des Wasserstrahls: 62 m

### STÄDTE IN FLAMMEN

Die Menschen in den Städten des 17. Jahrhunderts hatten – zu Recht – große Angst vor Bränden. 1608 brannte die Stadt Virginia bis auf die Grundmauern nieder. 1666 zerstörte der Große Brand von London das ganze Stadtzentrum. Ein einziger Funke eines Feuers genügte, um die reetgedeckten, mit viel Holz gebauten Häuser in Flammen aufgehen zu lassen. Daraufhin stellte man Wächter ein, die Alarm schlugen oder Eimerketten koordinierten. Die ersten organisierten Feuerwehren gab es erst ein Jahrhundert später.

### DIE SHAND MASON DAMPFFEUERSPRITZE

Das Londoner Unternehmen Shand Mason war eine der ersten Firmen, die Feuerspritzen baute. Das waren von Pferden gezogene, dampfbetriebene Pumpen, die einen starken, gleichmäßigen Wasserstrahl aus einem Schlauch abgaben – perfekt, um Flammen in höheren Stockwerken zu löschen. Bei Feueralarm schirrten die Feuerwehrleute die Pferde an, entzündeten das Feuer unter dem Kessel und läuteten eine Glocke, während der Spritzwagen in vollem Galopp die Straße entlangjagte. Beim Erreichen des Feuers schirrten sie die Pferde ab, schlossen die Schläuche an die Pumpen und los ging es.

### FEUERWEHRPFERDE

Pferde, die die Löschfahrzeuge zogen, mussten stark, ruhig, schnell und furchtlos sein. Einige waren so intelligent, dass sie sich vor den Spritzwagen stellten, sobald der Alarm ertönte. Ein gutes Feuerwehrpferd blieb selbst dann gelassen, wenn Menschen schrien, Feuer loderte, Funken flogen, Gebäude einstürzten und um es herum dichter Qualm aufstieg. Ihre Ausbildung dauerte 2 Jahre und wegen der starken Belastung waren sie nur 4 Jahre im Dienst.

### MODERNE LÖSCHFAHRZEUGE

Die ersten Löschmaschinen wurden von Menschen gezogen, dann von Pferden, dann von Dampfmaschinen. Moderne Feuerwehrautos haben Benzin- oder Dieselmotoren und alles dabei, was die Feuerwehrleute für den Ernstfall benötigen: Flutlichtstrahler, Feuerlöscher, Schläuche, Pumpen, Wasserwerfer, drehbare, ausziehbare Leitern und Werkzeug, um Menschen aus Trümmern zu befreien. Mit Blaulicht, Martinshorn und dem leuchtenden Rot fordern sie die Menschen auf, den Weg freizumachen.

## WIE DER LÖSCHWAGEN DIE WELT VERÄNDERTE

Vor 300 Jahren, als es noch keine Feuerwehr im heutigen Sinne gab, mussten die Menschen ohne Anleitung oder Ausbildung, ohne Löschfahrzeuge und nur mit einfachen Eimern und handbetriebenen Wasserpumpen bewaffnet mit gefährlichen Bränden fertig werden. Heute gibt es speziell ausgebildete Feuerwehrleute und speziell ausgestattete Löschfahrzeuge. Mit den Löschfahrzeugen retteten sie schon unzähligen Menschen das Leben.

# AUTOMOBIL

## MOBILITÄT FÜR DIE MASSEN

Anfang des 20. Jahrhunderts konnten sich nur die wenigsten Menschen ein Automobil kaufen. Henry Ford, ein US-amerikanischer Industrieller, wollte das ändern: „Ich möchte ein Auto für die ganze Gesellschaft bauen. Groß genug für eine ganze Familie ... aus den besten Materialien gebaut ... aber so günstig, dass es sich jedermann, auch mit einem einfachen Gehalt, leisten kann – und den Segen stundenlanger Freude an Gottes großen Weiten genießen kann." Das war die Geburtsstunde des berühmten Ford Model T.

### DER BEGINN EINER REVOLUTION

Das erste Automobil – und damit das erste mit Verbrennungsmotor angetriebene Straßenfahrzeug – wurde 1885 vom deutschen Ingenieur Carl Benz erfunden. Er nannte es „Motorwagen". Es wurde von einem selbst entwickelten Benzinmotor mit 3 PS angetrieben, lief auf drei Speichenrädern mit Vollgummireifen und hatte einen Vorwärtsgang. 1888 startete Bertha Benz, die Frau des Technikpioniers, zu einer Fahrt von 180 Kilometern: die erste Langstreckenfahrt in der Automobilgeschichte.

### ZAHLEN UND FAKTEN

- » **NAME:** Model T
- » **ABGEBILDETES MODELL:** Viertüriger Tourenwagen
- » **WEITERE MODELLE:** Speedster, Tudor Sedan, Roadster, Tourabout, Runabout
- » **HERSTELLER:** Ford Motor Company, USA
- » **GEBAUT:** 1908–27
- » **GEBAUTE EXEMPLARE:** 15 Millionen
- » **FAHRGÄSTE:** 4–5 (einschließlich Fahrer)
- » **ANTRIEB:** 20-PS-4-Zylinder-Motor
- » **KRAFTSTOFF:** Benzin, Kerosin oder Ethanol
- » **HÖCHSTGESCHWINDIGKEIT:** 68 km/h
- » **GÄNGE:** 3 (2 vorwärts, 1 rückwärts)
- » **MAßE:** Länge: 3,4 m; Breite: 1,7 m; Höhe: 1,9 m; Gewicht: 700 kg

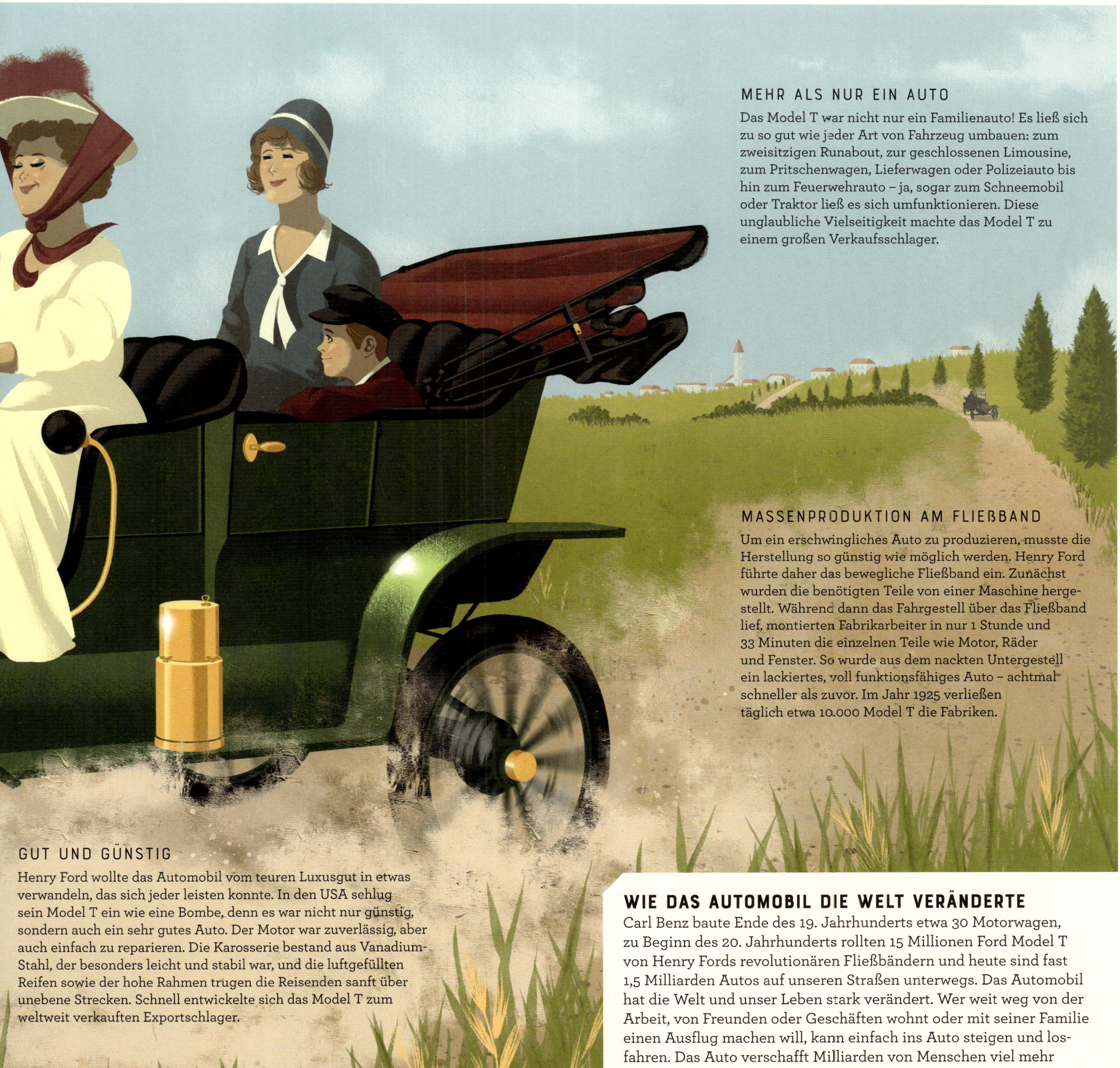

## MEHR ALS NUR EIN AUTO

Das Model T war nicht nur ein Familienauto! Es ließ sich zu so gut wie jeder Art von Fahrzeug umbauen: zum zweisitzigen Runabout, zur geschlossenen Limousine, zum Pritschenwagen, Lieferwagen oder Polizeiauto bis hin zum Feuerwehrauto – ja, sogar zum Schneemobil oder Traktor ließ es sich umfunktionieren. Diese unglaubliche Vielseitigkeit machte das Model T zu einem großen Verkaufsschlager.

## MASSENPRODUKTION AM FLIEßBAND

Um ein erschwingliches Auto zu produzieren, musste die Herstellung so günstig wie möglich werden. Henry Ford führte daher das bewegliche Fließband ein. Zunächst wurden die benötigten Teile von einer Maschine hergestellt. Während dann das Fahrgestell über das Fließband lief, montierten Fabrikarbeiter in nur 1 Stunde und 33 Minuten die einzelnen Teile wie Motor, Räder und Fenster. So wurde aus dem nackten Untergestell ein lackiertes, voll funktionsfähiges Auto – achtmal schneller als zuvor. Im Jahr 1925 verließen täglich etwa 10.000 Model T die Fabriken.

## GUT UND GÜNSTIG

Henry Ford wollte das Automobil vom teuren Luxusgut in etwas verwandeln, das sich jeder leisten konnte. In den USA schlug sein Model T ein wie eine Bombe, denn es war nicht nur günstig, sondern auch ein sehr gutes Auto. Der Motor war zuverlässig, aber auch einfach zu reparieren. Die Karosserie bestand aus Vanadium-Stahl, der besonders leicht und stabil war, und die luftgefüllten Reifen sowie der hohe Rahmen trugen die Reisenden sanft über unebene Strecken. Schnell entwickelte sich das Model T zum weltweit verkauften Exportschlager.

## WIE DAS AUTOMOBIL DIE WELT VERÄNDERTE

Carl Benz baute Ende des 19. Jahrhunderts etwa 30 Motorwagen, zu Beginn des 20. Jahrhunderts rollten 15 Millionen Ford Model T von Henry Fords revolutionären Fließbändern und heute sind fast 1,5 Milliarden Autos auf unseren Straßen unterwegs. Das Automobil hat die Welt und unser Leben stark verändert. Wer weit weg von der Arbeit, von Freunden oder Geschäften wohnt oder mit seiner Familie einen Ausflug machen will, kann einfach ins Auto steigen und losfahren. Das Auto verschafft Milliarden von Menschen viel mehr Freiheit als jemals zuvor in unserer Geschichte.

# WRIGHT FLYER

## ZWEI BRÜDER UND IHRE FLUGMASCHINE

Am 17. Dezember 1903 wurde Geschichte geschrieben: Orville Wright hob in den Dünen von Kitty Hawk in North Carolina, USA, am Steuer des *Flyer 1*, des ersten Motorflugzeugs der Welt, vom Boden ab. Mit brummendem Motor und wirbelnden Propellern lenkte er das Flugzeug in die Luft, während sein Bruder Wilbur neben ihm herlief. Vier Flüge gelangen ihnen an diesem Tag. Sie waren kurz und niedrig und endeten mit harten Landungen. Es war der Moment, in dem die motorisierte Luftfahrt das erste Mal den Himmel eroberte.

### ZAHLEN UND FAKTEN

- **NAME:** *Wright Flyer* (oder *Flyer 1*)
- **ENTWORFEN UND GEBAUT VON:** Wilbur und Orville Wright
- **ERSTER FLUG:** 17. Dezember 1903
- **ORT:** Kitty Hawk, North Carolina, USA
- **ANZAHL DER FLÜGE:** 4
- **ZURÜCKGELEGTE STRECKE:** 411 m
- **BESATZUNG:** 1
- **ANTRIEB:** 12-PS-4-Zylinder-Benzinmotor (selbst konstruiert)
- **HÖCHSTGESCHWINDIGKEIT:** 48 km/h
- **MAẞE:** Länge: 6,4 m; Spannweite: 12,3 m; Höhe: 2,8m; Gewicht (ohne Pilot): 274 kg

### DIE GEBRÜDER WRIGHT

Schon früh waren Wilbur und Orville Wright vom Fliegen fasziniert. Sie entwarfen und reparierten Fahrräder, die sie in ihrem eigenen Laden verkauften, bevor sie sich auf Drachen und Segelgleiter spezialisierten. Durch jahrelanges Tüfteln erkannten sie, dass das Geheimnis darin lag, die Bewegungen eines Flugzeugs vom Start bis zur Landung vollständig zu kontrollieren. Mit dieser Erkenntnis entwarfen sie ihren legendären *Flyer*.

### STARTSCHIENE

Zum Starten rollte der *Flyer* auf einem Karren eine 18 Meter lange Holzrampe hinunter. Die Landung war weit weniger sanft – bei der vierten und letzten Landung an diesem historischen Tag wurde das Höhenruder beschädigt und der Flieger hob nie wieder ab.

### STREBEN

Durch bewegliche Streben konnten die Flügel ihre Form anpassen, wenn der Pilot sie mit dem Hüftschieber verstellte, ohne an Stabilität zu verlieren.

### VERBINDUNGSSYSTEM

Fahrradspeichen-Draht wurde zwischen die Streben gespannt, um die Struktur stabil und flugfähig zu halten.

### FLUGZEUGSTRUKTUR

Der Rahmen war aus Fichten- und Eschenholz gebaut – starke, flexible Hölzer, die Stöße bei einer harten Landung abfangen konnten.

## PROPELLER

Die Brüder erkannten, dass flache, geschwungene Propeller viel Schub erzeugen konnten, der ihr Flugzeug vorwärtstrieb und es in die Luft hob. Beide Propeller waren je 243 Zentimeter lang und über eine Fahrradkette mit dem Motor verbunden. Sie drehten sich in entgegengesetzten Richtungen, damit das Flugzeug gerade flog.

## FARBANSTRICH

Die Tragflächen, Höhen- und Seitenruder waren mit einem festen Baumwollstoff bespannt, der mit Spezialfarbe noch verstärkt wurde.

## HÖHENRUDER

Mit dem Höhenruder ließ sich der Flugwinkel steuern. Wenn man den Steuerknüppel zurückzog, ging das Flugzeug nach oben, schob man ihn nach vorn, neigte es sich nach unten.

## HÜFTSCHIEBER

Der Pilot lag auf einem Hüftschieber, den er mit dem Verschieben seiner Hüfte nach rechts und links bewegte. Durch diese Bewegung konnte er die Flügel kippen, wodurch sich das Flugzeug schräg neigte. Mit dem Kippen des Seitenruders ließ sich die Flugrichtung ändern.

## MOTOR

Die Wrights und der Mechaniker Charlie Taylor bauten für den *Flyer* einen Benzinmotor aus Aluminium und Kupfer. Er sollte leicht sein (nur 82 Kilo), aber stark genug (12 PS), um den *Flyer* in die Luft zu bringen. Eine Drosselklappe gab es nicht, der Motor war entweder an oder aus.

## WIE DER WRIGHT FLYER DIE WELT VERÄNDERTE

Wilbur und Orville verbesserten die Konstruktion ihres *Flyer* immer weiter und bald nutzten andere Ingenieure ihre Ideen, um immer fortschrittlichere Flugzeuge zu bauen: 1924, nur 21 Jahre später, fand die erste Weltumrundung in einem Flugzeug statt. In den 1940ern sausten Raketen- und Düsenflugzeuge durch die Lüfte. Und 1969 war das Jahr der Mondlandung. Die Gebrüder Wright lösten mit ihrer genialen Erfindung eine lawinenartige Begeisterung für die Luft- und Raumfahrt aus.

# TRANSATLANTIKLINER

## DIE KÖNIGINNEN DER MEERE

1907 ließ die Reederei White Star Line die drei luxuriösesten Passagierschiffe bauen, die je in See gestochen waren: RMS *Titanic*, *Britannic* und *Olympic*. Die ganze Welt bewunderte die prachtvollen Ozeandampfer mit ihren eleganten Stahlrümpfen und den kolossalen Schornsteinen. Die Passagiere konnten auf den Decks flanieren, im Salon Tee trinken oder sich die Meeresbrise um die Nase wehen lassen. Traurigerweise hatten gleich zwei dieser Schiffe ein tragisches Ende.

### DELIKATESSEN

An Bord arbeiteten 60 Köche, 14 Metzger und 20 Bäcker rund um die Uhr, um täglich Tausende von Mahlzeiten zu servieren. Passagiere der ersten Klasse bekamen Steak, Hummer, Krabben, Austern, gedünsteten Lachs, gebratene Ente und feine Desserts. Die Mahlzeiten in der dritten Klasse waren einfacher: geräucherter Hering, Eier und Speck zum Frühstück, Roastbeef, Kartoffeln und Plum-Pudding zum Mittagessen, Wurst und Käse zum Abendessen.

### GLAMOURÖSE LINIENSCHIFFE

Schiffe der Olympic-Klasse waren damals die größten und technisch innovativsten Schiffe der Welt und mit allem Luxus ihrer Zeit ausgestattet. Es gab ein Türkisches Dampfbad, einen Turnraum, ein beheiztes Schwimmbad, eine Squash-Anlage, wo ein professioneller Trainer Unterricht gab, luxuriöse Gesellschaftsräume und ein Schreibzimmer, in dem man in Ruhe Briefe und Postkarten verfassen konnte.

### ZAHLEN UND FAKTEN

- **KLASSE:** Olympic
- **NAME:** RMS (Royal Mail Ship) *Olympic*
- **HERSTELLER:** Harland & Wolff, Belfast, Nordirland
- **EIGNER:** White Star Line
- **EINSATZZEIT:** 1911–35
- **BESATZUNG:** ca. 900
- **FAHRGÄSTE:** ca. 2400
- **ANTRIEB:** 2 × 4-Zylinder-Verbundmaschinen, 1 Dampfturbine
- **MOTORLEISTUNG:** 50.000 PS
- **HÖCHSTGESCHWINDIGKEIT:** 46 km/h
- **GEWICHT:** ca. 53.000 t
- **MAßE:** Länge: 269 m; Breite: 28 m; Höhe (vom Kiel bis zur Schornsteinspitze): 53,4 m; Tiefgang: 10,5 m

## GRANDIOSE TÄUSCHUNG

Die Schornsteine dienten dazu, Rauch und überschüssigen Dampf aus den Kesselräumen abzulassen. Bei den Schiffen der Olympic-Klasse wurden nur drei der vier Schornsteine dafür genutzt. Der hintere war eigentlich nur eine Attrappe, der das Schiff besonders prächtig aussehen lassen sollte.

## UNGLÜCKLICHE SCHWESTERN

Die *Olympic* hatte zwei berühmte Schwesterschiffe, die *Titanic* und die *Britannic*. Die *Titanic* kollidierte auf ihrer Jungfernfahrt im April 1912 mit einem Eisberg und begann zu sinken. 2,5 Stunden später ragte nur noch ihr Heck Richtung Nachthimmel aus dem Wasser, das Schiff zerbrach und versank im Ozean. Von den 2208 Menschen an Bord überlebten kaum mehr als 700. Die *Britannic* wurde im Ersten Weltkrieg zu einem Lazarettschiff umgebaut. 1916 lief sie im Mittelmeer auf eine Mine und versank in nur 58 Minuten. Sie riss 30 Menschen mit in den Tod.

## DREI KLASSEN

Die verschiedenen Klassen hatten je eigene Bereiche auf dem Schiff. Für die erste Klasse gab es herrliche Suiten mit eigenem Bad, direktem Zugang zum Promenadendeck und zu den eleganten, mit kostbaren Möbeln ausgestatteten Salons. Passagiere der zweiten Klasse hatten einen eigenen Rauchsalon, eine Bibliothek und einen Aufzug. Die Kabinen der dritten Klasse im unteren Deck waren zwar klein, aber besser als die Gemeinschaftsschlafsäle auf anderen Ozeandampfern jener Zeit.

## WIE DER TRANSATLANTIKLINER DIE WELT VERÄNDERTE

Die Ozeanriesen brachten Passagiere (und Post) schnell und sicher von New York nach Europa und zurück. Schiffe wie die *Olympic* setzten auf Luxus, ermöglichten aber auch weniger reichen Menschen das Reisen. Erst mit der Einführung des Verkehrsflugzeugs (Seite 82) ging das goldene Zeitalter der Transatlantikliner zu Ende.

# OMNIBUS

## DOPPELDECKERBUSSE

1910 eroberte ein neues Fahrzeug die Straßen Londons. Zwischen Kutschen und Pferdefuhrwerken fuhr plötzlich ein knallroter Bus – zweistöckig, motorisiert und mit Werbung beklebt. Er hatte Vollgummireifen und beförderte Fahrgäste auf festen Routen. Der legendäre B-Type der London General Omnibus Company war ein voller Erfolg – schon 1914 waren 2500 Busse in der englischen Hauptstadt unterwegs. Heute haben die roten Busse Kultstatus und sind ein Markenzeichen der Stadt.

### MUSKELN VOR MOTOREN

Die ersten Busse kamen um 1820 in England und Frankreich auf und wurden noch von Pferden gezogen. Die riesigen, vierrädrigen und manchmal doppelstöckigen Kutschen fuhren schon auf festen Routen. Die Fahrgäste konnten einsteigen und Tickets kaufen, ohne sie im Voraus zu buchen. Die Busse waren günstig und praktisch und so verbreiteten sich Omnibusunternehmen schnell in ganz Europa.

### DER LGOC B-TYPE

Das von Frank Searle entworfene Modell war der erste in Serie hergestellte motorisierte Omnibus der Welt. Der stabile und leichte Rahmen war aus Holz und das Fahrgestell sowie der Radstand aus Stahl. Nachdem die Fahrgäste beim Schaffner eine Fahrkarte gelöst hatten, nahmen sie im überdachten Unterdeck Platz oder kletterten nach oben, um die Aussicht zu genießen. Der motorbetriebene Bus war den ganzen Tag im Einsatz – ein großer Vorteil gegenüber den Pferdeomnibussen, da die Pferde ausruhen, gefüttert und ausgewechselt werden mussten.

## ZAHLEN UND FAKTEN

- » **TYP:** LGOC B-Type
- » **ERFINDER:** Frank Searle
- » **HERSTELLER UND BETREIBER:** London General Omnibus Company, UK
- » **GEBAUT:** 1910–14
- » **GEBAUTE EXEMPLARE:** 2500
- » **BESATZUNG:** 2 (Fahrer, Schaffner)
- » **FAHRGÄSTE:** 34 (16 unten, 18 oben)
- » **ANTRIEB:** 52-PS-4-Zylinder-Benzinmotor
- » **HÖCHSTGESCHWINDIGKEIT:** 26 km/h
- » **MAẞE:** Länge: 7 m; Breite: 2 m; Höhe: 4 m

### EINSATZ IM ERSTEN WELTKRIEG

Weil der LGOC B-Type ein so zuverlässiges Fahrzeug war, orderte das britische Kriegsamt während des Ersten Weltkriegs 900 davon als Truppentransporter an die Westfront. Anfangs behielten die Busse sogar die leuchtend rote Farbe und die Werbung, bis sie mit Tarnfarbe übermalt wurden. Im Unterdeck fanden ganze 25 Soldaten mit Ausrüstung Platz, wenn man die Fenster mit Brettern zunagelte. Einige der Busse wurden sogar zu mobilen Brieftaubenställen umgebaut. Sie waren die ganze Kriegszeit über im Einsatz und brachten die britischen Truppen schließlich nach Hause.

### MODERNE BUSSE

Seit der Zeit als der LGOC B-Type seine ersten Passagierladungen durch die nebligen Straßen Londons chauffierte, kommt der motorisierte Omnibus auf der ganzen Welt als sicheres und günstiges Verkehrsmittel zum Einsatz. Moderne Busse gibt es in allen Formen und Größen: von kleinen Linienbussen über Doppeldecker bis hin zu den langen Ziehharmonikabussen, die oft mit Rampen ausgestattet sind, um Rollstuhlfahrern und -fahrerinnen den Einstieg zu erleichtern. Häufig werden sie mit Dieselmotoren betrieben, aber immer mehr Busse fahren auch mit Strom, Erdgas, Wasserstoff oder Biodiesel.

## WIE DER OMNIBUS DIE WELT VERÄNDERTE

Die ersten motorisierten Busse hatten enorme Auswirkungen auf die Welt. Zu Beginn des 20. Jahrhunderts, als die meisten noch kein eigenes Fahrzeug besaßen, konnten mit dem Omnibus auf einmal viel mehr Menschen die eigene Nachbarschaft verlassen, um Arbeit zu finden oder sich zu vergnügen. Auch heute, im Zeitalter des Autos, sind Busse noch immer wichtig, um Menschen und Orte miteinander zu verbinden.

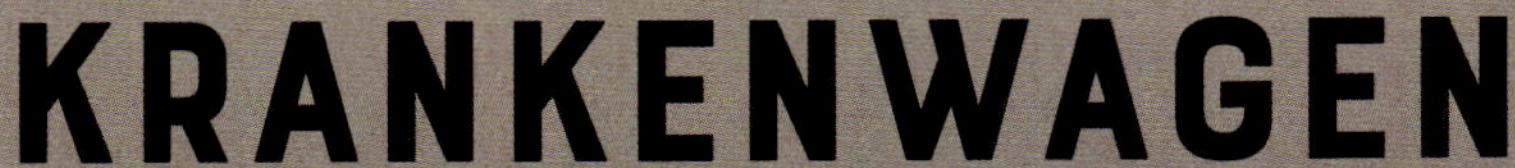

# KRANKENWAGEN

## RETTER IN DER NOT

Wenn sie sich verletzen oder plötzlich sehr krank werden, können viele Menschen heutzutage mit einem einzigen Anruf einen Rettungswagen samt Sanitätern und medizinischer Spezialausrüstung herbeirufen. Möglich gemacht hat das die Erfindung des Verbrennungsmotors. Doch es dauerte Jahrzehnte, bis Automobile zu den lebensrettenden mobilen Krankenhäusern wurden, die wir heute kennen. Einer der ersten Krankenwagen überhaupt war der Ford Model T M1917.

### DER MODEL T-KRANKENWAGEN

Der Ford Model T (Seite 36) war so konzipiert, dass er sich zu nahezu jeder Art Fahrzeug umbauen ließ. Mit einer Holzkabine hinter dem Fahrersitz, die ein Bett, Sitzbänke und eine große Hecktür hatte, wurde er zu einem zuverlässigen Krankenwagen, der auch im schlammigen, unwegsamen Gelände der Schlachtfelder des Ersten Weltkriegs eingesetzt werden konnte. Eine medizinische Ausrüstung gab es nicht, nur Tragen, Decken und Kissen. Auch Fahrer und Besatzung (häufig Frauen, die freiwillig im Einsatz waren) hatten meist keine medizinische Ausbildung. Aufgabe des Model T M1917 war es, die Verwundeten schnellstmöglich zum nächsten Feldlazarett zu transportieren.

### ZAHLEN UND FAKTEN

- **NAME:** Ford Model T M1917
- **HERSTELLER:** Ford Motor Company, USA
- **GEBAUTE EXEMPLARE:** 20.700
- **ANTRIEB:** 20-PS-4-Zylinder-L-Kopf-Motor von Ford
- **KRAFTSTOFF:** Benzin
- **HÖCHSTGESCHWINDIGKEIT:** 68 km/h
- **GÄNGE:** 2
- **MAßE:** Länge: 3,4 m; Breite: 1,7 m; Gewicht: 700 kg

### MUTIGE BESATZUNG

Auch im Krieg ist es verboten, Krankenwagen und ihre Besatzung zu beschießen, denn sie sind als „Nichtkombattanten" eingestuft – Personen, die unbewaffnet und nicht am Kampf beteiligt sind. Damit gegnerische Truppen sie schnell erkennen, sind die Krankenwagen mit einem roten Kreuz auf weißem Grund gekennzeichnet. Leider werden die tapferen Helferinnen und Helfer manchmal versehentlich doch attackiert oder geraten ins Kreuzfeuer.

## MODERNE KRANKENWAGEN

Moderne Krankenwagen transportieren Patientinnen und Patienten nicht nur ins Krankenhaus. Sie können direkt am Unfallort oder auf dem Weg in die Notaufnahme medizinische Hilfe leisten. Die Besatzung des Rettungswagens besteht aus zwei Rettungssanitätern oder -sanitäterinnen, die für alle Arten von Notfällen ausgebildet sind. Innen wirkt der Wagen wie ein Mini-Krankenhaus, ausgerüstet mit Spezialgeräten wie einem Defibrillator, um den Herzrhythmus wiederherzustellen, Sauerstoffmasken, Schienen, Verbänden und antiseptischen Tüchern.

## GRÖSSER, SCHNELLER, AUFFÄLLIGER

Unsere heutigen Rettungswagen unterscheiden sich stark von den damaligen Krankenwagen – sie sind größer, schneller und viel besser ausgerüstet. Sie sind oft umgebaute Kleinlaster oder Lieferwagen, so wie der M1917 ein umgebauter Ford Model T war. Der hintere Teil, in dem die Patientinnen und Patienten, Sanitäterinnen und Sanitäter und die medizinischen Geräte untergebracht sind, wird separat gebaut und dann auf das Lieferwagen-Fahrgestell gesetzt. Schrille Farben, Blaulicht und Martinshorn warnen alle Verkehrsteilnehmenden, dass ein Rettungswagen kommt und sie den Weg frei machen müssen.

## WIE DER KRANKENWAGEN DIE WELT VERÄNDERTE

Wenn jemand verletzt ist oder einen medizinischen Notfall erleidet, ist es wichtig, dass Ärztinnen und Ärzte schnell zum Unfallort gelangen. Selbst kurze Verzögerungen entscheiden über Leben und Tod. In Kriegs- wie in Friedenszeiten haben Krankenwagen wie der Model T M1917 Verletzte ins Krankenhaus befördert, wo sie behandelt werden konnten. Die voll ausgestatteten modernen Rettungswagen sind sogar noch effektivere Lebensretter, weil das medizinische Fachpersonal die Patienten sofort nach dem Eintreffen versorgen kann.
Wir können uns glücklich schätzen, dass wir sie und ihre Besatzungen haben.

# STARRLUFTSCHIFF

## GIGANTEN DES HIMMELS

Auf seiner ersten Nordamerika-Fahrt wäre der *Graf Zeppelin* fast in einem Sturm zerstört worden, doch unter der Führung seines Erfinders Hugo Eckener landete er sicher in Lakehurst bei New York. Bald darauf beförderten Zeppeline regelmäßig Menschen über den Atlantik. Dabei ging es richtig luxuriös zu: Man traf sich auf der Promenade, aß delikate Speisen von blau-weißem Zeppelin-Porzellan und genoss den Blick auf die atemberaubende Landschaft, die unter einem vorbeizog.

### KRIEGSWAFFE

Im Ersten Weltkrieg wurden Starrluftschiffe oder Zeppeline zur Überwachung und Bombardierung eingesetzt. Sie flogen sehr hoch, um Kampfflugzeugen auszuweichen, ihre Bomben verfehlten so aber auch eher das Ziel.

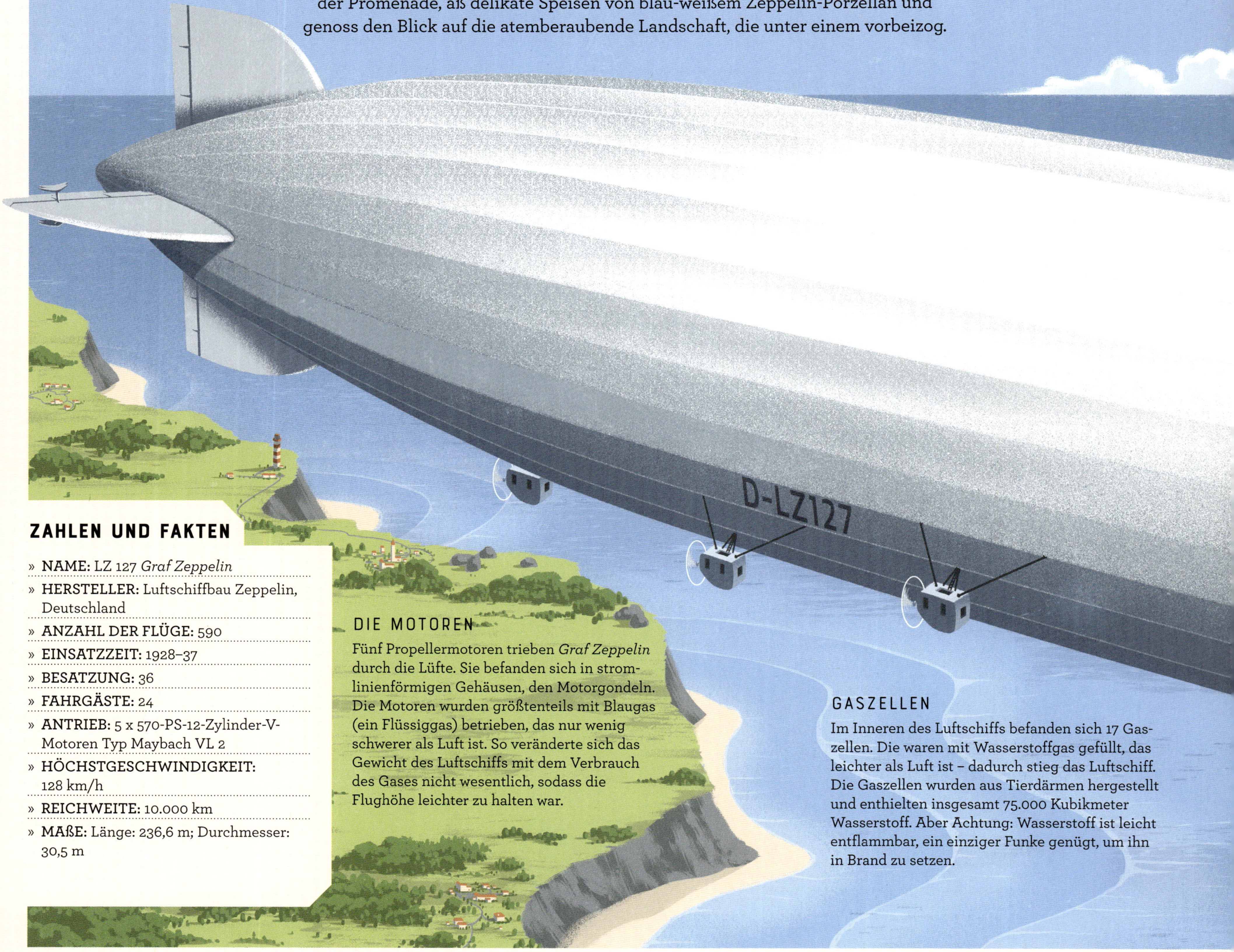

D-LZ127

### ZAHLEN UND FAKTEN

- **NAME:** LZ 127 *Graf Zeppelin*
- **HERSTELLER:** Luftschiffbau Zeppelin, Deutschland
- **ANZAHL DER FLÜGE:** 590
- **EINSATZZEIT:** 1928–37
- **BESATZUNG:** 36
- **FAHRGÄSTE:** 24
- **ANTRIEB:** 5 x 570-PS-12-Zylinder-V-Motoren Typ Maybach VL 2
- **HÖCHSTGESCHWINDIGKEIT:** 128 km/h
- **REICHWEITE:** 10.000 km
- **MAßE:** Länge: 236,6 m; Durchmesser: 30,5 m

### DIE MOTOREN

Fünf Propellermotoren trieben *Graf Zeppelin* durch die Lüfte. Sie befanden sich in stromlinienförmigen Gehäusen, den Motorgondeln. Die Motoren wurden größtenteils mit Blaugas (ein Flüssiggas) betrieben, das nur wenig schwerer als Luft ist. So veränderte sich das Gewicht des Luftschiffs mit dem Verbrauch des Gases nicht wesentlich, sodass die Flughöhe leichter zu halten war.

### GASZELLEN

Im Inneren des Luftschiffs befanden sich 17 Gaszellen. Die waren mit Wasserstoffgas gefüllt, das leichter als Luft ist – dadurch stieg das Luftschiff. Die Gaszellen wurden aus Tierdärmen hergestellt und enthielten insgesamt 75.000 Kubikmeter Wasserstoff. Aber Achtung: Wasserstoff ist leicht entflammbar, ein einziger Funke genügt, um ihn in Brand zu setzen.

## WIE DAS STARRLUFTSCHIFF DIE WELT VERÄNDERTE

Die ersten drei Jahrzehnte des 20. Jahrhunderts waren die große Zeit der Zeppeline. Für Reisen, die mit dem Schiff oder der Bahn Wochen dauerten, brauchte es nur wenige Tage – zumindest für diejenigen, die sich das leisten konnten. Am 6. Mai 1937 aber ereignete sich eine Tragödie: In Lakehurst geriet die *Hindenburg* bei der Landung in Brand. Dabei starben 35 Menschen innerhalb weniger Sekunden. Die Katastrophe hatte das sofortige Aus der Luftschifffahrt zur Folge.

### METALLGERÜST

Ein Metallrahmen aus Ringen und Streben aus Duralumin (einer Mischung aus Aluminium und Kupfer) gab dem Zeppelin seine Form. Die Außenhülle aus dickem Baumwollstoff wurde imprägniert, um sie wasserabweisend und feuerfest zu machen.

### WASSERTANKS

Wenn der Zeppelin an Höhe verlor, wurde das in Tanks gelagerte Wasser in die Luft abgelassen und der Zeppelin stieg höher. Luftschiffe wie der *Graf Zeppelin* fuhren normalerweise in einer Höhe von 200 Metern (fast so hoch wie der Fernsehturm in Stuttgart). Um schlechtem Wetter aus dem Weg zu gehen, stiegen sie höher.

### ESSEN

Pro Tag gab es drei warme Mahlzeiten. Im Speisesaal wurden feine Speisen serviert, wie Truthahn, Hummer, Pommes frites, Kaviar, Brot, Butter, Eier, Frankfurter Würstchen, Eis und Früchte. In den Salons und auf dem Promenadendeck konnten die Gäste sich unterhalten, flanieren und auf den Atlantik hinunterblicken.

### KABINEN

Die Doppelkabinen konnten tagsüber in ein Wohnzimmer mit Sofa verwandelt werden. Am Ende des Korridors lagen die Waschräume mit fließend warmem Wasser und einer chemischen Toilette.

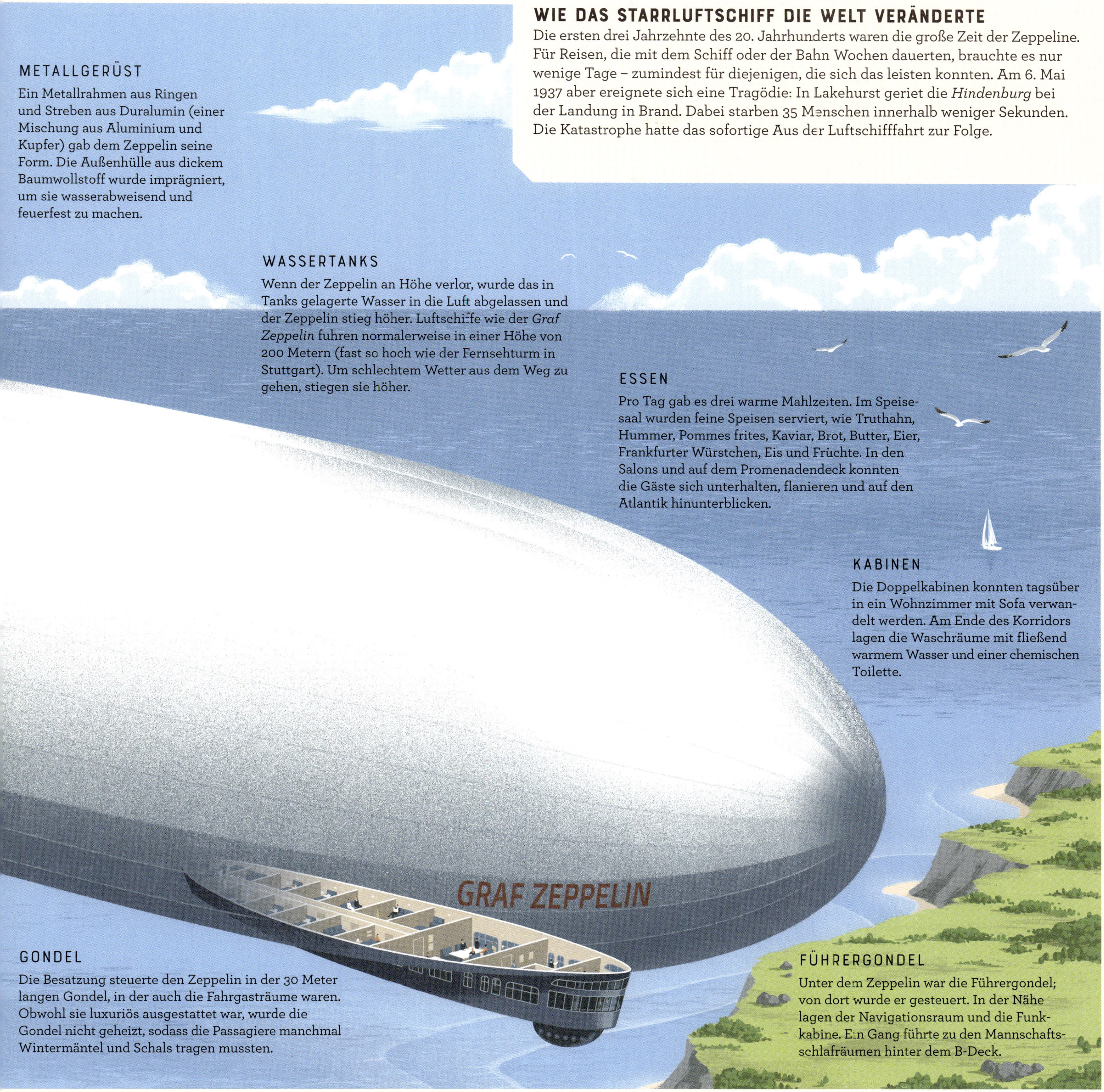

GRAF ZEPPELIN

### GONDEL

Die Besatzung steuerte den Zeppelin in der 30 Meter langen Gondel, in der auch die Fahrgasträume waren. Obwohl sie luxuriös ausgestattet war, wurde die Gondel nicht geheizt, sodass die Passagiere manchmal Wintermäntel und Schals tragen mussten.

### FÜHRERGONDEL

Unter dem Zeppelin war die Führergondel; von dort wurde er gesteuert. In der Nähe lagen der Navigationsraum und die Funkkabine. Ein Gang führte zu den Mannschaftsschlafräumen hinter dem B-Deck.

## LEICHTGEWICHTIGE LEBENSRETTER

Vor 1928 hatten die Menschen in der weiten Wildnis des australischen Outback kaum eine Überlebenschance, wenn sie ernsthaft erkrankten oder sich verletzten – Krankenhäuser waren viel zu weit weg, um sie rechtzeitig zu erreichen. Das änderte sich mit der Einführung der „Flying Doctors". In ihren robusten kleinen Buschflugzeugen können die fliegenden Ärzte und Ärztinnen auch in schwierigem Gelände landen, Patienten an Bord nehmen und innerhalb weniger Minuten wieder abheben.

### ZAHLEN UND FAKTEN

- **NAME:** De Havilland DH.83 Fox Moth
- **HERSTELLER:** De Havilland Aircraft Company, UK
- **ERSTER FLUG:** März 1932
- **BESATZUNG:** 1 Pilotin/Pilot
- **EXEMPLARE:** 153
- **FAHRGÄSTE:** 3–4
- **ANTRIEB:** 130-PS-4-Zylinder-Reihenmotor de Havilland Gipsy Major
- **HÖCHSTGESCHWINDIGKEIT:** 171 km/h
- **REICHWEITE:** 684 km
- **MAXIMALE HÖHE:** 3900 m
- **MAẞE:** Länge: 7,8 m; Flügelspannweite: 9,4 m; Höhe: 2,7 m

### ERSTE HILFE ÜBER DEN WOLKEN

Der australische Royal Flying Doctor Service brauchte Flugzeuge, die leicht zu warten waren, lange Strecken zurücklegen konnten, Platz für eine Ärztin oder einen Arzt und eine Patientin oder einen Patienten auf einer Trage hatten und auf den kurzen, staubigen Pisten im Outback landen und starten konnten. Die De Havilland DH.83 Fox Moth (deutsch: Brombeerspinner) war eins der ersten Flugzeuge, das diese Anforderungen erfüllte. Sie wurde in den 1930er- und 1940er-Jahren erfolgreich eingesetzt.

## WIE DAS BUSCHFLUGZEUG DIE WELT VERÄNDERTE

Seit ungefähr 100 Jahren kommen Buschflugzeuge wie die Fox Moth in die entlegensten Gebiete der Welt. Die Kombination aus Leichtigkeit, Stärke und Tragfähigkeit macht sie zum idealen Flugzeug. Sie ist schnell, trotzt schlechtem Wetter, landet auf engstem Raum, Wasser oder Schnee und transportiert Passagiere, lebensrettende Ausrüstung, Proviant und Menschen, die dringend medizinische Hilfe benötigen. Aufgrund ihrer Verdienste genießt sie höchstes Ansehen und hat schon unzähligen Menschen das Leben gerettet.

### DIE „SUGAR BIRD LADY"

Eine herausragende Persönlichkeit bei den Flying Doctors war Robin Miller Dicks. In den 1960ern war es für eine Frau unangemessen, Pilotin zu werden. Aber Robin ließ sich zur Pilotin und Krankenschwester ausbilden, kaufte sich ein Flugzeug und flog durchs Outback, um 37.000 Kinder gegen Polio zu impfen. Die Kinder nannten sie „Sugar Bird Lady", weil sie den Impfstoff in Zuckerstückchen verabreichte. Schließlich wurde sie bei den Flying Doctors aufgenommen. Anders als die meisten ihrer männlichen Kollegen konnte sie ihr Flugzeug allein fliegen, Reparaturen ausführen und die Patientinnen und Patienten selbst behandeln (einmal entband sie ein Baby auf dem Rücksitz ihres Flugzeugs). Ihr Leben war eine Inspiration für andere Krankenschwestern.

### MODERNE BUSCHFLUGZEUGE

Buschflugzeuge wie die Cessna Caravan oder die Quest Kodiak werden auch heute noch weltweit für Rettung, medizinische Notfälle und Transporte in unwegsames Gelände eingesetzt. Aufgrund der verschiedenen Einsatzgebiete gibt es sehr unterschiedliche Modelle, allen gemeinsam sind aber diese Merkmale: Sie können auf sehr kurzen Strecken starten und landen; für Schnee- oder Wasserlandungen können sie mit Skiern oder Schwimmern ausgestattet werden; hohe Tragflächen erleichtern das Be- und Entladen; große Niedrigdruckreifen ermöglichen eine Landung auf unebenen Flächen; sie haben einfache Kolbenmotoren, die leicht zu warten und zu starten sind.

# MÄHDRESCHER

## DAS ERNTEWUNDER, DAS MÄHT, DRISCHT UND WORFELT

Vor Jahrtausenden fingen die ersten Bauern mit dem Anbau von Weizen, Gerste und Roggen an, um ihre Familien zu ernähren. Die Erntezeit im Herbst war deshalb besonders wichtig. Sobald das goldgelbe Getreide trocken im Wind raschelte, musste es geerntet werden, ehe es aufgrund von Krankheiten oder Starkregen verdarb. Wenn nicht rechtzeitig geerntet wurde, drohten Nahrungsmangel, Unterernährung und Hungersnöte. Jahrhundertelang erledigte man diese lebenswichtige Arbeit mühselig von Hand. Heute setzen wir Maschinen ein, allen voran den Mähdrescher.

### MÄHEN VON HAND

Lange wurde (und wird bis heute, hier und da) Getreide von Hand geerntet. Die oberen Pflanzenteile – die essbaren Ähren – wurden entweder abgezupft, in einen Korb geworfen und zu Mehl verarbeitet. Oder der Halm wurde in Bodennähe mit einer halbmondförmigen Klinge mit kurzem Stiel, der Sichel, abgeschnitten oder mit einer geraden Klinge an einem viel längerem Stiel, der Sense. Die Halme wurden anschließend zu Garben gebündelt, getrocknet und dann mit dem sogenannten Dreschflegel (einem Stiel, an dem ein Schlagstock hängt) gedroschen, um das Korn vom Stroh zu trennen. Ein Feld von Hand abzuernten, dauerte lange und war mühsam, doch wenn es fertig war, feierte das ganze Dorf ein Erntefest.

### ZAHLEN UND FAKTEN

- **MODELL:** MH-20
- **HERSTELLER:** Massey-Harris, USA
- **MARKTEINFÜHRUNG:** 1938
- **GEBAUTE EXEMPLARE:** 1000
- **BESATZUNG:** 1 Fahrerin/Fahrer
- **HÖCHSTGESCHWINDIGKEIT:** 20 km/h
- **MASSE:** Länge: 3,4 m; Breite: 5,2 m; Höhe: 3,4 m

## ERNTEMASCHINEN

Ab dem späten 18. Jahrhundert gab es Maschinen für verschiedene Erntearbeiten. Mähmaschinen schnitten das Getreide, während sie über das Feld gezogen wurden und manche (sogenannte „Mähbinder“) banden es außerdem zu Garben. Von Hand und später maschinell angetriebene Dreschmaschinen schlugen das Getreide und trennten die Körner vom Halm. Hierdurch änderten sich die Aufgaben auf Bauernhöfen von Grund auf und man brauchte nicht mehr so viele Hilfskräfte für die Ernte. Aber die Maschinen erledigten jeweils nur Teile der Erntearbeit – gebraucht wurde eine Maschine, die alles konnte.

## DIE ERSTEN MÄHDRESCHER

Mähdrescher sind Maschinen, die das Getreide in einem Arbeitsgang ernten, dreschen, auflesen und entspelzen (die unverdaulichen Teile vom Korn schälen). Die ersten Mähdrescher waren riesig und mussten von mehreren Arbeitskräften bedient und von vielen Tieren gezogen werden. Zu Beginn des 20. Jahrhunderts übernahmen Traktoren diese Aufgabe. Doch dann kam mit dem ersten selbstfahrenden Mähdrescher, dem Massey-Harris MH-20, eine Erntemaschine, die nur eine einzige Person bedienen musste, da der Motor sowohl die Räder als auch den Erntemechanismus antrieb. Beim Folgemodell, dem MH-21, wurde die Bauweise optimiert, er war leichter und billiger und wurde 10.000-fach verkauft.

MASSEY-
HARRIS

## WIE DER MÄHDRESCHER DIE WELT VERÄNDERTE

Der Massey-Harris MH-20 schaffte mit nur einem Maschinenführer an einem Tag so viel wie ein Tagelöhner-Team in wochenlanger Handarbeit. Die geniale Konstruktion dieses 1938 vorgestellten Mähdreschers war Grundlage für alle späteren Modelle. Mähdrescher sparen enorm viel Zeit und Arbeit beim Anbau lebensnotwendiger Nahrung. 2021 wurde weltweit die Rekordmenge von 2791 Millionen Tonnen Getreide (wie Weizen, Gerste und Hafer) geerntet. Das wäre ohne den weltverändernden Mähdrescher nicht möglich gewesen.

# STRAẞENBAHN

## AUF GLEISEN DURCH DIE STADT

In Lissabon in Portugal sind nicht nur die Gebäude historisch, sondern auch das 150 Jahre alte Straßenbahnnetz mit seinen rumpelnden Remodelado-Bahnen aus den 1930er-Jahren. Dieses Netz wird auch von modernen Straßenbahnen genutzt, aber nur die kürzeren, älteren Modelle, wie dieses, passen durch die engen, hügeligen und verwinkelten Straßen der Altstadt. Diese klappernden, quietschenden Straßenbahnen leisten den Menschen in Lissabon noch immer treue Dienste.

### TRAMS UND STRAẞENBAHNEN

Die Straßenbahn – oder „Tram" – ist eine der ältesten Formen des öffentlichen Personennahverkehrs, mit der man einfach und preiswert in Städten vorankommt. Die Tram fährt, im Gegensatz zu Zügen, auf Gleisen, die in die Straße eingelassen sind. Sie bewegt sich also im übrigen Verkehr, ohne irgendwelche Barrieren. Trams sind leichter als Züge, fahren kürzere Strecken und ihre Haltestellen sind näher beieinander.

### ZAHLEN UND FAKTEN

- **BETREIBER:** Companhia Carris de Ferro de Lisboa, Portugal
- **ERÖFFNET:** 1873
- **ANZAHL DER LINIEN:** 6
- **GESAMTLÄNGE DER STRECKE:** 26 km
- **STRAẞENBAHNTYP:** Remodelado
- **EINFÜHRUNG DER REMODELADO:** 1932–40
- **WEITERER STRAẞENBAHNTYP IM NETZ:** Siemens Articulado
- **BESATZUNG:** 1 Fahrerin/Fahrer
- **ANTRIEB:** 600-Volt-Oberleitungen
- **HÖCHSTGESCHWINDIGKEIT:** 45 km/h
- **SPURWEITE:** 90 cm
- **MAẞE:** Länge: 8,4 m; Breite: 2,4 m

### PFERDEBAHNEN

Der erste Trambetrieb, die Swansea and Mumbles Railway, eröffnete 1807 in Wales (Großbritannien), war 9 Kilometer lang und wurde von Pferden gezogen. In den folgenden Jahrzehnten entstanden Pferdebahnen in Europa, den USA, Südamerika, Afrika und Asien. Der Einsatz von Pferden hatte jedoch Nachteile: Sie konnten die Tram immer nur für ein paar Stunden ziehen. Also mussten viele Pferde eingesetzt werden, um einen durchgehenden Fahrbetrieb zu gewährleisten. Die Versorgung und Pflege all dieser Pferde waren teuer und zeitaufwendig, genau wie die Beseitigung der Unmengen von Pferdeäpfeln auf den Straßen.

NEUE FORTBEWEGUNGSMITTEL

Ende des 19. Jahrhunderts fuhren fast alle Trams mit Strom. Sogenannte Pantografen – Stromabnehmer auf dem Dach – versorgten die Tram aus Oberleitungen mit Strom für die Radmotoren; fast alle Straßenbahnen funktionieren heute noch so. Es gab auch Trams mit kleinen Dampfloks, doch die waren zu laut und stießen zu viel Rauch aus und wurden deshalb durch elektrische Trams ersetzt.

DIE HÜGEL HINAUF

Anfangs waren Trams für steile Hänge nicht leistungsstark genug, was für das hügelige San Francisco in den USA ein Problem war. Deshalb wurde ein Kabelbahnsystem installiert: 3 Zentimeter breite, stetig umlaufende Kabel, die knapp unter der Straßenoberfläche lagen, zogen die Straßenbahnen die Straßen entlang und Hügel hinauf. Um anzuhalten, löste der Fahrer (der sogenannte „Grip") mit einem Hebel die Tram vom Seil. Kabelbahnen gab es auch in Australien, Neuseeland, Deutschland und Großbritannien.

## WIE DIE STRAẞENBAHN DIE WELT VERÄNDERTE

Seit 200 Jahren sind Trams, wie die berühmte Remodelado in Lissabon, für Großstädter in der ganzen Welt ein zuverlässiges Fortbewegungsmittel. Mit der Erfindung von Auto (Seite 36) und Omnibus (Seite 42) wurden viele Tramlinien stillgelegt. Doch seit den 1980er-Jahren werden in vielen Städten (vor allem in Europa) neue, umweltfreundliche Straßenbahnlinien gebaut, um Staus zu vermeiden und dem Klimawandel entgegenzuwirken.

# MOTORRAD

## ZWEIRÄDRIGE FLITZER

1885 ratterte ein höchst merkwürdiges Vehikel mit nur einem Sitz über einem Metallgestell, zwei Rädern und einem Motor eine Straße in Deutschland entlang. Die Menschen blieben staunend stehen – so etwas hatten sie noch nie gesehen. Es hieß „Daimler-Reitwagen", brachte es auf eine Höchstgeschwindigkeit von 12 Kilometer pro Stunde (was eigentlich ziemlich langsam ist) und war das erste benzinbetriebene Fahrrad der Geschichte. Seitdem hat das rasante und wendige Motorrad die Herzen von Fans in aller Welt erobert – trotz der damit verbundenen Gefahren.

### ZAHLEN UND FAKTEN

- **NAME:** Sokół („Falke") 1000 M111
- **HERSTELLER:** PZInż (Nationale Ingenieurgesellschaft), Polen
- **GEBAUT:** 1933–39
- **GEBAUTE EXEMPLARE:** 3400
- **ANTRIEB:** 18-PS-2-Zylinder-Benzinmotor V-45
- **HÖCHSTGESCHWINDIGKEIT:** 100 km/h
- **GÄNGE:** 3
- **MAßE:** Länge: 2,3 m (2,5 m mit Beiwagen); Breite: 0,8 m (1,7 m mit Beiwagen); Höhe: 1,1 m; Gewicht: 270 kg (375 kg mit Beiwagen)

### VOM FAHRRAD ZUM MOTORRAD

Die ersten Zweiräder mit Eigenantrieb gab es ab den 1860er-Jahren, und zwar als Fahrräder mit kleinen Dampfmaschinen. Sie waren zwar innovativ und raffiniert, aber zu unpraktisch, um sich durchzusetzen. Dann kamen Motorräder mit kleinen benzinbetriebenen Motoren auf, die schneller und zuverlässiger waren. Um 1900 wurden immer bessere Motorräder entwickelt, mit denen man aufregende Reisen unternehmen konnte.

### MOTORRÄDER FÜR DIE ARMEE

Im Ersten Weltkrieg kamen Zehntausende von Motorrädern, meist von Harley Davidson, Indian und Triumph zum Einsatz. Sie waren leicht, wendig und ideal, um im unwegsamen, kriegszerstörten Gelände Nachrichten zu überbringen, Verwundete im Beiwagen zu transportieren oder feindliches Gebiet zu erkunden. Die Sokół 1000 (siehe Bild), eine zuverlässige, langlebige Maschine, war leicht zu reparieren, schnell im Gelände und wurde in den 1930er-Jahren für die polnische Armee entwickelt. Bis heute setzen Streitkräfte weltweit Motorräder ein.

### KLEIN UND WENDIG

In Asien, Afrika und Südamerika sind preiswerte Motorräder mit kleinen Motoren, wie die Honda Super Cub, sehr beliebt. Mit 60 Millionen Exemplaren ist sie das seit 1958 meistproduzierte Motorrad der Geschichte und wird vor allem auf diesen Kontinenten gefahren. Motorräder wie die Super Cub, aber auch Mopeds und Roller, dienen häufig als Lieferfahrzeuge und Taxen (auf denen man hintereinander sitzt), da sie perfekt geeignet sind, um durch Gassen und verkehrsreiche Straßen zu flitzen. Motorradfahren kann gefährlich sein, daher trägt man einen Helm und schützende Kleidung, um Verletzungen bei einem Sturz zu vermeiden.

### ELEKTROMOTORRÄDER

Wie andere Fahrzeuge in diesem Buch – etwa die Dampflok (Seite 24), das Auto (Seite 36) und der Omnibus (Seite 42) – wurden Motorräder zunächst mit Dampf, dann mit Benzin angetrieben und stellen sich nun zusehends auf Elektroantrieb um. Die Geschwindigkeit und die Reichweite eines Elektromotorrads werden durch die Kapazität der Batterien begrenzt und sind noch nicht wirklich mit benzinbetriebenen Maschinen vergleichbar. Doch zahlreiche Unternehmen tüfteln bereits an immer ausgefeilteren Modellen. Das Motorrad der Zukunft ist elektrisch.

## WIE DAS MOTORRAD DIE WELT VERÄNDERTE

Motorräder haben sich seit der ersten Fahrt des Daimler-Reitwagens in Deutschland enorm verändert. Sobald sie Anfang des 20. Jahrhunderts zuverlässig genug waren, ersetzten sie die Pferde (vor allem beim Militär) und wurden in ärmeren Ländern genauso beliebt wie das Auto. Heute werden gerne die neuen umweltfreundlichen, immer schnelleren Elektromodelle mit immer größerer Reichweite im Beruf, beim Sport und in der Freizeit gefahren.

# FLUGZEUGTRÄGER

## STÄHLERNE FESTUNGEN AUF DEM MEER

Vor über 100 Jahren erkannte das Militär, wie nützlich es wäre, Flugzeuge und Hubschrauber auf dem Meer zu stationieren. Dadurch könnte man feindliche Schiffe aufspüren und entlegene Gebiete schneller erreichen. Also ließ die britische Royal Navy 1914 den ersten Flugzeugträger, die HMS *Ark Royal*, auslaufen. Seitdem wurden diese „Städte auf dem Meer", wie die Nimitz-Klasse, immer größer und fortschrittlicher.

### ZAHLEN UND FAKTEN

- **KLASSE:** Nimitz
- **NAME:** USS *Harry S. Truman*
- **HERSTELLER:** Newport News Shipbuilding Company, USA
- **ANZAHL DER GEBAUTEN KLASSE:** 10
- **ERSTE NUTZUNG:** 1996
- **BESATZUNG:** 558 Offizierinnen/Offiziere, 5454 Besatzungsmitglieder
- **ANTRIEB:** 2 x 260.000 WPS A4W-Reaktoren
- **HÖCHSTGESCHWINDIGKEIT:** 56 km/h
- **AUFGENOMMENE FLUGZEUGE:** max. 130 F18-Hornets oder 90 andere Flugzeug-Typen
- **MAßE:** Länge: 333 m; Breite: 78 m; Höhe: 74 m; Verdrängung: 104.000 t; Tiefgang: 11 m

### SCHWIMMENDE STÄDTE

6000 hart arbeitende Männer und Frauen auf einer monatelangen Reise zu versorgen, ist ein gewaltiger Kraftakt. 100 Köchinnen und Köche bereiten in 7 Kombüsen (Küchen) täglich rund 17.000 Mahlzeiten zu, vom Frühstück um 6 Uhr morgens bis zum Mitternachtsimbiss. Die Besatzung kann in Fitnessräumen trainieren und in Gesellschaftsräumen fernsehen und Spiele spielen.

### ATOMANTRIEB

Flugzeugträger der Nimitz-Klasse werden von zwei Schiffsreaktoren angetrieben, die Uran verwenden. Ein Prozess namens „Kernspaltung" erhitzt Meerwasser, wodurch Dampf entsteht. Dieser Dampf treibt vier Turbinen an, die Strom erzeugen. Die von den Turbinen erzeugte Energie reicht für vier riesige Bronzepropeller sowie alle Lichter, Pumpen und elektrischen Geräte an Bord.

### FLUGZEUGTRÄGER-KAMPFTRUPPE

Obwohl Flugzeugträger über eine eigene Kurzstreckenverteidigung verfügen, könnten sie von Flugzeugen, Raketen oder U-Booten angegriffen werden. Deshalb sind sie nie allein unterwegs, sondern als Teil einer schützenden Trägerkampftruppe. Zu diesen kleinen Flotten gehören außerdem ein Versorgungsschiff, Kriegsschiffe wie Kreuzer, Zerstörer und Fregatten sowie mindestens ein U-Boot.

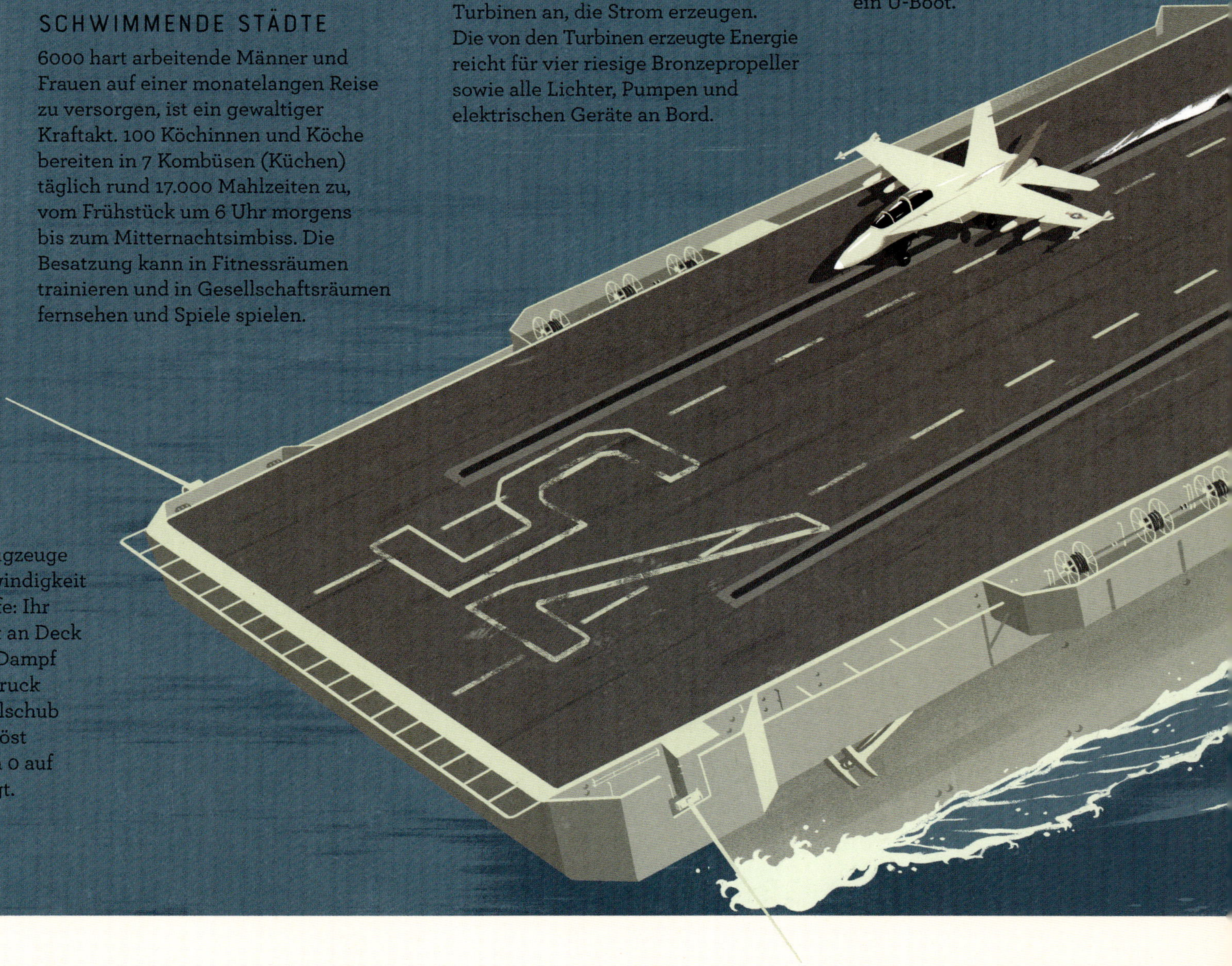

### ABFLUG

Flugzeugträger sind zu kurz, als dass Flugzeuge aus eigener Kraft die nötige Startgeschwindigkeit erreichen. Daher bekommen sie Starthilfe: Ihr Vorderrad wird an einem Dampfkatapult an Deck befestigt und im Kernreaktor erzeugter Dampf wird in das Katapult geleitet, wodurch Druck entsteht. Sobald die Triebwerke Maximalschub erreicht haben, wird das Katapult ausgelöst und das Flugzeug in nur 2 Sekunden von 0 auf 275 Kilometer in der Stunde beschleunigt.

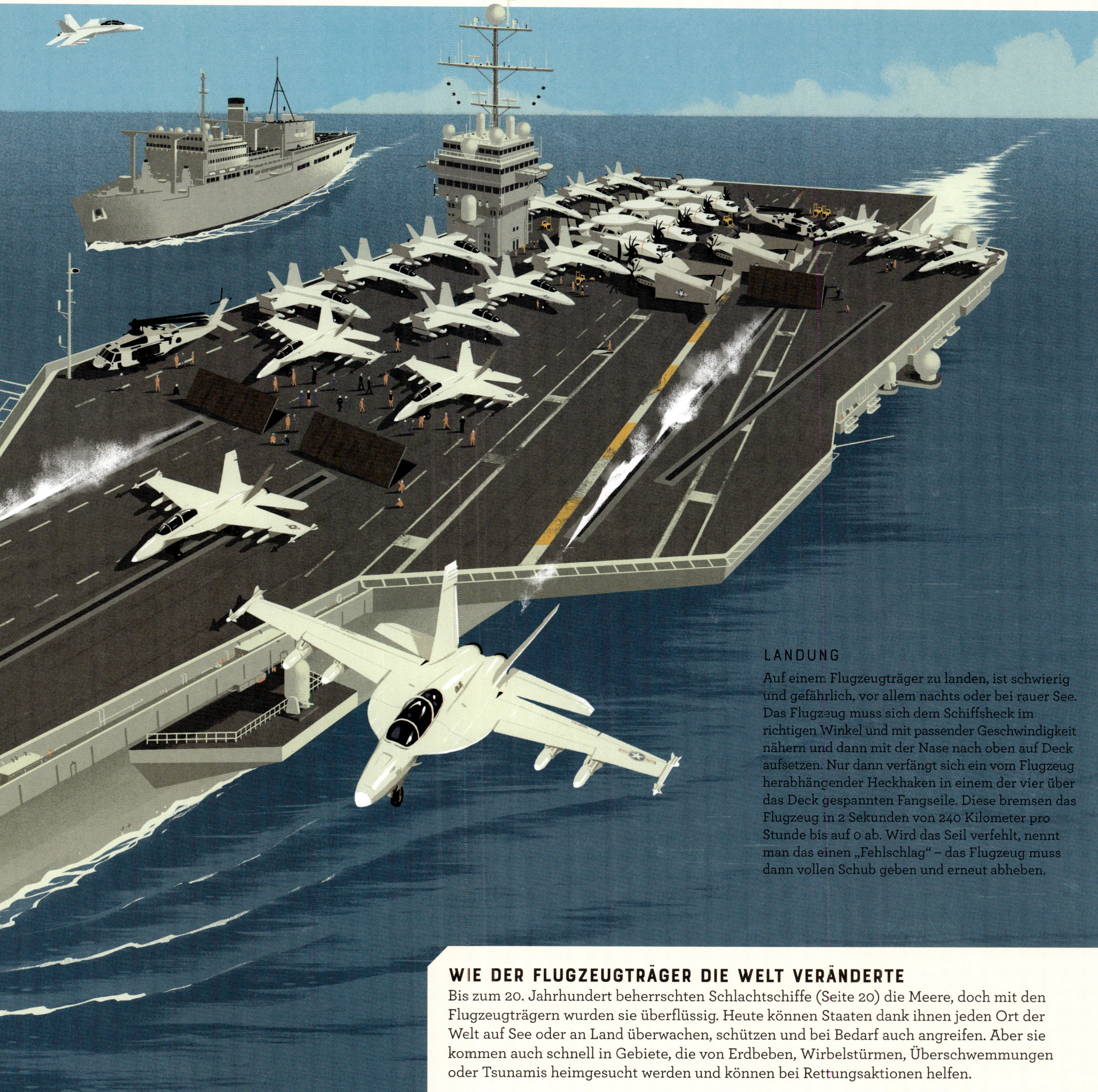

## LANDUNG

Auf einem Flugzeugträger zu landen, ist schwierig und gefährlich, vor allem nachts oder bei rauer See. Das Flugzeug muss sich dem Schiffsheck im richtigen Winkel und mit passender Geschwindigkeit nähern und dann mit der Nase nach oben auf Deck aufsetzen. Nur dann verfängt sich ein vom Flugzeug herabhängender Heckhaken in einem der vier über das Deck gespannten Fangseile. Diese bremsen das Flugzeug in 2 Sekunden von 240 Kilometer pro Stunde bis auf 0 ab. Wird das Seil verfehlt, nennt man das einen „Fehlschlag" – das Flugzeug muss dann vollen Schub geben und erneut abheben.

## WIE DER FLUGZEUGTRÄGER DIE WELT VERÄNDERTE

Bis zum 20. Jahrhundert beherrschten Schlachtschiffe (Seite 20) die Meere, doch mit den Flugzeugträgern wurden sie überflüssig. Heute können Staaten dank ihnen jeden Ort der Welt auf See oder an Land überwachen, schützen und bei Bedarf auch angreifen. Aber sie kommen auch schnell in Gebiete, die von Erdbeben, Wirbelstürmen, Überschwemmungen oder Tsunamis heimgesucht werden und können bei Rettungsaktionen helfen.

# TRAKTOR

## DES BAUERN BESTER FREUND

Was fällt dir ein, wenn du an einen Bauernhof denkst? Scheunen mit roten Dächern, Heuballen, wogende Weizenfelder – und natürlich: der Traktor. Dank riesiger Räder, starker Profile und des hohen Fahrgestells kann er das ganze Jahr über eingesetzt werden und bewältigt auch schlammigste Wege und unwegsamste Weiden mühelos – moderne Bauernhöfe kämen ohne ihn einfach nicht aus. Einer der ersten erfolgreichen Traktoren war der Ford 8N – eine schicke kleine rot-graue Revolution auf Rädern.

### ZAHLEN UND FAKTEN

- » **SERIE:** N-Serie
- » **ABGEBILDETES MODELL:** 8N
- » **WEITERE MODELLE:** 2N und 9N
- » **HERSTELLER:** Ford Motor Company, USA
- » **GEBAUTE EXEMPLARE:** über 500.000
- » **ENTWICKLER:** Harry Ferguson
- » **GEBAUT:** 1939–52
- » **ANTRIEB:** 27-PS-4-Zylinder-Benzinmotor
- » **HÖCHSTGESCHWINDIGKEIT:** 25 km/h
- » **GETRIEBE:** 5 Gänge (4 vorwärts, 1 rückwärts)
- » **MAẞE:** Länge: 2,9 m; Breite: 1,6 m; Höhe: 1,4 m

### DIE ERSTEN BAUERNHÖFE

Die Landwirtschaft zählt zu den wichtigsten Errungenschaften der Geschichte. Vor Jahrtausenden begann man, im Nahen Osten Schweine, Schafe und Kühe zu züchten, um Nahrung, Milch und Wolle zu erzeugen, und bestellte Felder mit Weizen und Gerste. Dank Ackerbau und Viehzucht mussten die Menschen keine weiten Strecken mehr zurücklegen, um zu jagen und Nahrung zu suchen. Man konnte sich an einem Ort niederlassen und Gemeinschaften bilden. Doch der Anbau der kostbaren Nahrung war mühsam und zeitaufwendig und der Ertrag begrenzt.

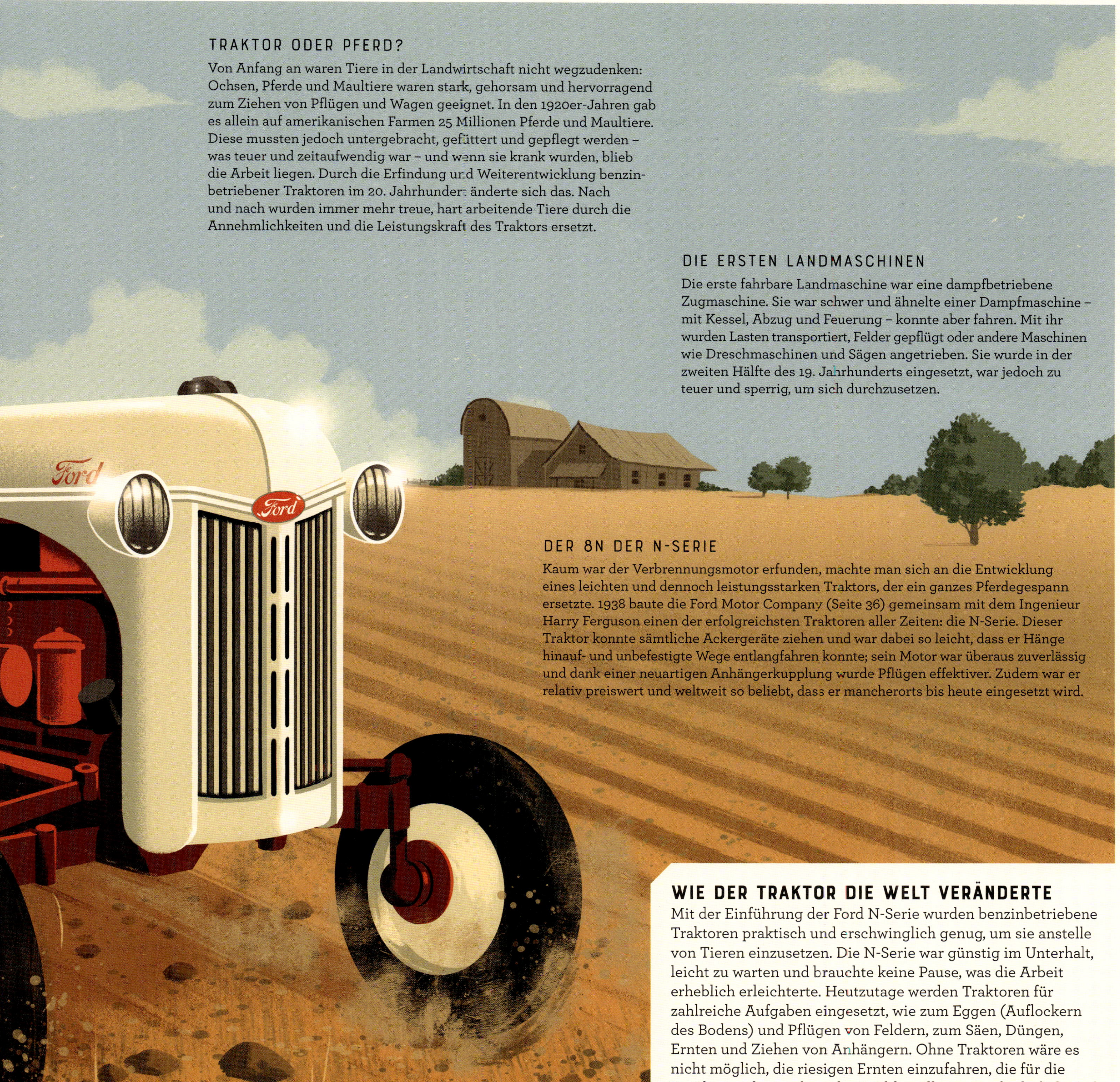


## TRAKTOR ODER PFERD?

Von Anfang an waren Tiere in der Landwirtschaft nicht wegzudenken: Ochsen, Pferde und Maultiere waren stark, gehorsam und hervorragend zum Ziehen von Pflügen und Wagen geeignet. In den 1920er-Jahren gab es allein auf amerikanischen Farmen 25 Millionen Pferde und Maultiere. Diese mussten jedoch untergebracht, gefüttert und gepflegt werden – was teuer und zeitaufwendig war – und wenn sie krank wurden, blieb die Arbeit liegen. Durch die Erfindung und Weiterentwicklung benzinbetriebener Traktoren im 20. Jahrhundert änderte sich das. Nach und nach wurden immer mehr treue, hart arbeitende Tiere durch die Annehmlichkeiten und die Leistungskraft des Traktors ersetzt.

## DIE ERSTEN LANDMASCHINEN

Die erste fahrbare Landmaschine war eine dampfbetriebene Zugmaschine. Sie war schwer und ähnelte einer Dampfmaschine – mit Kessel, Abzug und Feuerung – konnte aber fahren. Mit ihr wurden Lasten transportiert, Felder gepflügt oder andere Maschinen wie Dreschmaschinen und Sägen angetrieben. Sie wurde in der zweiten Hälfte des 19. Jahrhunderts eingesetzt, war jedoch zu teuer und sperrig, um sich durchzusetzen.

## DER 8N DER N-SERIE

Kaum war der Verbrennungsmotor erfunden, machte man sich an die Entwicklung eines leichten und dennoch leistungsstarken Traktors, der ein ganzes Pferdegespann ersetzte. 1938 baute die Ford Motor Company (Seite 36) gemeinsam mit dem Ingenieur Harry Ferguson einen der erfolgreichsten Traktoren aller Zeiten: die N-Serie. Dieser Traktor konnte sämtliche Ackergeräte ziehen und war dabei so leicht, dass er Hänge hinauf- und unbefestigte Wege entlangfahren konnte; sein Motor war überaus zuverlässig und dank einer neuartigen Anhängerkupplung wurde Pflügen effektiver. Zudem war er relativ preiswert und weltweit so beliebt, dass er mancherorts bis heute eingesetzt wird.

## WIE DER TRAKTOR DIE WELT VERÄNDERTE

Mit der Einführung der Ford N-Serie wurden benzinbetriebene Traktoren praktisch und erschwinglich genug, um sie anstelle von Tieren einzusetzen. Die N-Serie war günstig im Unterhalt, leicht zu warten und brauchte keine Pause, was die Arbeit erheblich erleichterte. Heutzutage werden Traktoren für zahlreiche Aufgaben eingesetzt, wie zum Eggen (Auflockern des Bodens) und Pflügen von Feldern, zum Säen, Düngen, Ernten und Ziehen von Anhängern. Ohne Traktoren wäre es nicht möglich, die riesigen Ernten einzufahren, die für die Ernährung der wachsenden Weltbevölkerung erforderlich sind.

# KON-TIKI

## EINE UNMÖGLICHE REISE

Stell dir vor, du sitzt auf einem Holzfloß mitten im Pazifik. Da du es nicht steuern kannst, setzt du darauf, dass die Strömung dich von Peru nach Polynesien treibt. Im Umkreis von 2000 Kilometern gibt es kein Land; das tiefblaue Meer und der grenzenlose Himmel erscheinen unendlich weit, und doch bist du nicht allein, denn unter dir tummeln sich Haie, die geduldig auf ihre nächste Mahlzeit warten. Das klingt vielleicht weit hergeholt, aber 1947 unternahmen sechs Abenteurer eine solche Reise auf einem Floß namens *Kon-Tiki*.

### ZAHLEN UND FAKTEN

- **NAME:** *Kon-Tiki*
- **TYP:** Balsaholz-Floß
- **BESATZUNG:** 6
- **REISEROUTE:** 6900 km von Peru nach Polynesien
- **REISEDAUER:** 101 Tage (28. April – 7. August 1947)
- **ANTRIEB:** Wind, Meeresströmung und Paddel
- **DURCHSCHNITTSGESCHWINDIGKEIT:** 68 km pro Tag
- **MAẞE:** Länge: 5,5 m; Breite: 3,7 m; Segelhöhe: 5,5 m; Segelbreite: 4,6 m

### REISE MIT ZIEL

Der norwegische Zoologe und Abenteurer Thor Heyerdahl glaubte, dass die Entdeckung und Besiedlung Polynesiens – einer Gruppe von über 1000 Inseln im Südpazifik – um 500 n. Chr. von Südamerika ausging und nicht (wie heute allgemein angenommen) von Südasien (siehe Polynesisches Kanu, Seite 6). Thor wollte beweisen, dass Menschen aus Peru über den Pazifik nach Polynesien gesegelt sein konnten, indem er sich ein Floß aus Balsaholz baute und die Überfahrt selbst unternahm – und das, obwohl er noch nie gesegelt war und nicht einmal schwimmen konnte.

### EINE TAPFERE CREW

Für die 6900 Kilometer brauchte Thor eine mutige Mannschaft. Ingenieur Herman Watzinger konstruierte mit ihm die *Kon-Tiki*; Bengt Danielsson kümmerte sich um die Verpflegung; Erik Hesselberg war der einzige Seemann und Navigator in der Besatzung; Torstein Raaby und Knut Haugland bedienten die Funkgeräte und Lorita war ein südamerikanischer Papagei, der den Männern auf Spanisch die Zeit vertrieb.

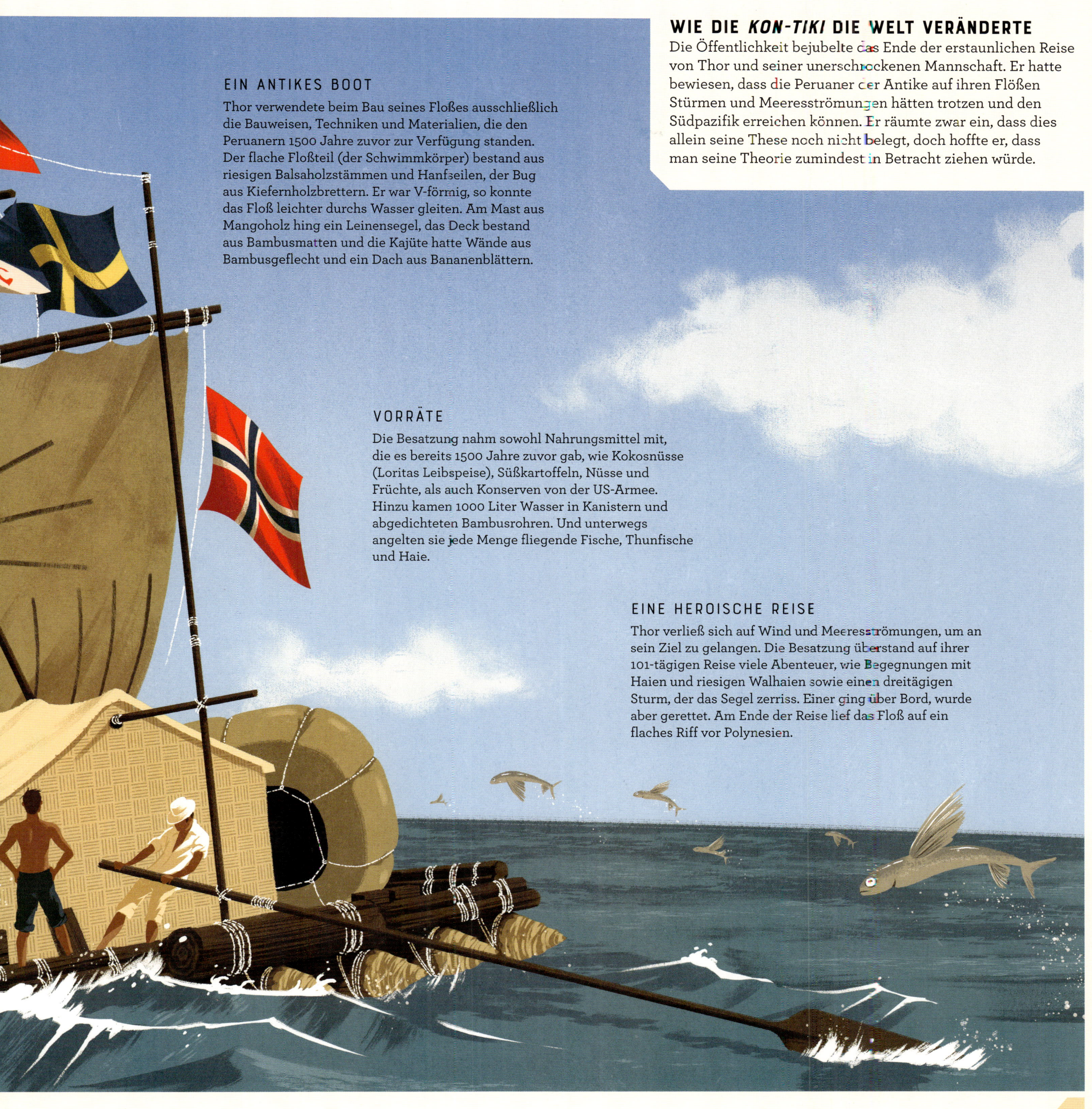

## WIE DIE *KON-TIKI* DIE WELT VERÄNDERTE

Die Öffentlichkeit bejubelte das Ende der erstaunlichen Reise von Thor und seiner unerschrockenen Mannschaft. Er hatte bewiesen, dass die Peruaner der Antike auf ihren Flößen Stürmen und Meeresströmungen hätten trotzen und den Südpazifik erreichen können. Er räumte zwar ein, dass dies allein seine These noch nicht belegt, doch hoffte er, dass man seine Theorie zumindest in Betracht ziehen würde.

## EIN ANTIKES BOOT

Thor verwendete beim Bau seines Floßes ausschließlich die Bauweisen, Techniken und Materialien, die den Peruanern 1500 Jahre zuvor zur Verfügung standen. Der flache Floßteil (der Schwimmkörper) bestand aus riesigen Balsaholzstämmen und Hanfseilen, der Bug aus Kiefernholzbrettern. Er war V-förmig, so konnte das Floß leichter durchs Wasser gleiten. Am Mast aus Mangoholz hing ein Leinensegel, das Deck bestand aus Bambusmatten und die Kajüte hatte Wände aus Bambusgeflecht und ein Dach aus Bananenblättern.

## VORRÄTE

Die Besatzung nahm sowohl Nahrungsmittel mit, die es bereits 1500 Jahre zuvor gab, wie Kokosnüsse (Loritas Leibspeise), Süßkartoffeln, Nüsse und Früchte, als auch Konserven von der US-Armee. Hinzu kamen 1000 Liter Wasser in Kanistern und abgedichteten Bambusrohren. Und unterwegs angelten sie jede Menge fliegende Fische, Thunfische und Haie.

## EINE HEROISCHE REISE

Thor verließ sich auf Wind und Meeresströmungen, um an sein Ziel zu gelangen. Die Besatzung überstand auf ihrer 101-tägigen Reise viele Abenteuer, wie Begegnungen mit Haien und riesigen Walhaien sowie einen dreitägigen Sturm, der das Segel zerriss. Einer ging über Bord, wurde aber gerettet. Am Ende der Reise lief das Floß auf ein flaches Riff vor Polynesien.

# TIEFSEE-U-BOOT

## HINAB ZUM MEERESGRUND

Im Januar 1960 begaben sich zwei Forscher auf eine spektakuläre Reise in die finsteren Tiefen des Pazifik. Sie sahen seltsame Kreaturen im Schein der U-Boot-Lampen am Bullauge vorbeiziehen. Der Abgrund unter ihnen war kilometertief, ihr Ziel der Meeresboden. Während sie immer tiefer hinabsanken, ächzte das Metall, das sie vor dem sofortigen Tod bewahrte, und krümmte sich knirschend unter dem immensen und immer stärker werdenden Druck.

### KONZIPIERT FÜR DIE UNTERWASSERWELT

Die *Trieste* ist ein Unterseeboot, das der Schweizer Erfinder und Entdecker Auguste Piccard für Fahrten unter Wasser entworfen hatte. Er nannte es „Bathyscaphe", was so viel wie „Tiefenschiff" bedeutet. Es sollte viel, viel tiefer tauchen als ein normales U-Boot und dabei mit seinen Ballast- und Auftriebstanks Tauchgänge und Aufstiege steuern.

### VOLLGETANKT

In den 1930er-Jahren konstruierte Auguste Piccard eine kugelförmige, luftdichte Gondel, hing sie an einen mit Helium gefüllten Ballon und flog damit rekordmäßige 23 Kilometer in die Höhe. Danach fokussierte er seinen Erfindergeist vom Himmel aufs Meer und wandte die Prinzipien der Ballonfahrt auf die *Trieste* an. Nur war der zylindrische Teil der *Trieste* (der Auftriebskörper) statt mit Helium, das leichter als Luft ist, mit Benzin gefüllt, das leichter ist als Wasser.

### ZAHLEN UND FAKTEN

- **NAME:** *Trieste*
- **TYP:** Bathyscaphe
- **ENTWICKLER:** Auguste und Jacques Piccard
- **EINSATZZEIT:** 1953–66
- **BESATZUNG:** 2
- **ANTRIEB:** 2 x 2-PS-Elektromotoren für die Schiffsschrauben
- **HORIZONTALE HÖCHST-GESCHWINDIGKEIT:** 2 km/h
- **TIEFSTER TAUCHGANG:** 10.916 m
- **MAẞE:** Länge: 18 m; Breite: 3,5 m; Verdrängung: 50 Langtonnen; Gondelbreite: 2,16 m

### TIEFSTER TAUCHGANG

Im Januar 1960 stiegen der US-amerikanische Marineoffizier Don Walsh und der Ingenieur Jacques Piccard (Augustes Sohn) 10.916 Meter tief hinab zum tiefsten Ort der Erde: dem Challengertief. Der Gipfel des Mount Everest befände sich immer noch 2 Kilometer unter Wasser, wäre er dort gelegen. Der Abstieg, laut Piccard „mit dem Tempo eines alten Fahrstuhls", dauerte 4 Stunden und 48 Minuten. Es war das erste Mal, dass ein Schiff so tief tauchte. Die gesamte 9-stündige Fahrt verbrachten die beiden Männer in der kalten, engen Gondel.

## WIE DAS TIEFSEE-U-BOOT DIE WELT VERÄNDERTE

Beim Rekordtauchgang der *Trieste* zum Challengertief stieß man auf Lebewesen, die sich sogar an die extremsten Tiefen des Ozeans angepasst haben. Das weckte das Interesse an Unterwasserforschung, Meeresbiologie und Ozeanografie. Da das Bathyscaphe in allen Weltmeeren eingesetzt werden konnte, wurde die von den Piccards entwickelte Technologie fortan für den Bau späterer Forschungsboote verwendet.

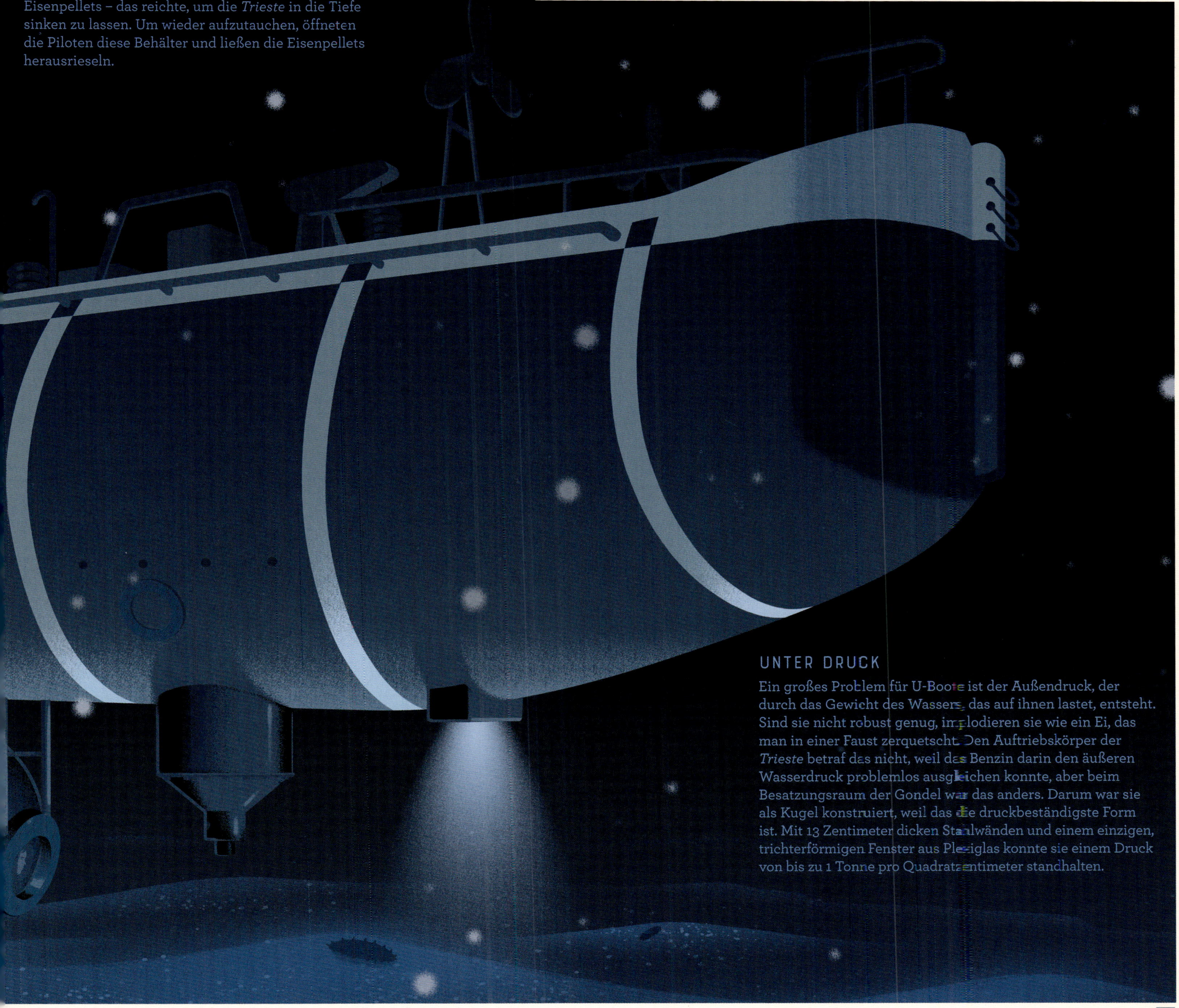

### EIN SINKENDER BALLON

Zum Abtauchen benötigte die *Trieste* genügend Ballast an Bord, um das leichte Benzin in den elf Auftriebstanks auszugleichen und schwerer als Wasser zu werden. Deshalb befanden sich in zwei Containern 9 Tonnen Eisenpellets – das reichte, um die *Trieste* in die Tiefe sinken zu lassen. Um wieder aufzutauchen, öffneten die Piloten diese Behälter und ließen die Eisenpellets herausrieseln.

### UNTER DRUCK

Ein großes Problem für U-Boote ist der Außendruck, der durch das Gewicht des Wassers, das auf ihnen lastet, entsteht. Sind sie nicht robust genug, implodieren sie wie ein Ei, das man in einer Faust zerquetscht. Den Auftriebskörper der *Trieste* betraf das nicht, weil das Benzin darin den äußeren Wasserdruck problemlos ausgleichen konnte, aber beim Besatzungsraum der Gondel war das anders. Darum war sie als Kugel konstruiert, weil das die druckbeständigste Form ist. Mit 13 Zentimeter dicken Stahlwänden und einem einzigen, trichterförmigen Fenster aus Plexiglas konnte sie einem Druck von bis zu 1 Tonne pro Quadratzentimeter standhalten.

# LUFTKISSENFAHRZEUG

## AUF DER LUFT GLEITEN

Es gibt kaum einen spektakuläreren Anblick als den Start eines großen Luftkissenfahrzeugs. Zuerst springen die Propeller an: Gasturbinenmotoren heulen auf, Rotorblätter zischen durch die Luft und erzeugen massenweise Wind, Lärm und Gischt. Dann richtet sich das ganze Gebilde plötzlich auf einer wogenden Schürze auf, setzt sich in Bewegung und gleitet mit zunehmender Geschwindigkeit über den Beton hinunter zum Meer.

### ZAHLEN UND FAKTEN

- **KLASSE:** SR.N4 Mountbatten Mk III
- **HERSTELLER:** British Hovercraft Corporation, UK
- **BESATZUNG:** 3 (Kapitän, Flugoffizier, Navigator)
- **BETRIEBSDAUER:** 1968–2000
- **GEBAUTE EXEMPLARE:** 6
- **LADEKAPAZITÄT:** 60 Autos und 418 Fahrgäste
- **ANTRIEB:** 4 x Rolls-Royce Marine Proteus Turboprop-Triebwerke
- **TRIEBWERKE:** 4 x 5,8 m Dowty Rotols
- **HÖCHSTGESCHWINDIGKEIT:** 70 km/h
- **MAẞE:** Länge: 56,38 m; Breite: 23,77 m; Höhe: 11,48 m; Gewicht: 320 t

### DER KÖNIG DER LUFTKISSENFAHRZEUGE

Das moderne Luftkissenboot erfand der britische Ingenieur Sir Christopher Cockerell. Auf der Basis jahrzehntelanger Forschungsarbeiten kam er auf die brillante Idee, ein Fahrzeug auf einem Luftkissen „fahren" zu lassen, bei dem die Luft von einer flexiblen „Schürze" eingeschlossen wird. Bis aus seiner Idee ein funktionierender Prototyp wurde, dauerte es mehrere Jahre, in denen er seinen Besitz verkaufen musste, um das Projekt zu finanzieren. Aber es hat sich gelohnt, denn 1959 wurde sein SR.N1, das vier Personen mit 45 Kilometern pro Stunde über das Wasser trug, in Betrieb genommen und das Zeitalter der Luftkissenboote begann.

## ÜBER LAND UND MEER

Seit Cockerells Erfindung werden Luftkissenfahrzeuge nicht nur zum Personentransport, sondern auch in anderen Bereichen eingesetzt. Zum Beispiel bei Rettungseinsätzen, weil Luftkissenfahrzeuge, anders als Rettungsboote und Landfahrzeuge, über seichtes Wasser, Sumpf und Treibsand fahren können. Manche Länder nutzen sie für militärische Transporte, um Truppen und Ausrüstung von großen Schiffen schnell und trocken an Land zu bringen. Und in Urlaubsgebieten, wie den griechischen Inseln, Thailand und Indonesien setzt man sich für Spiel, Sport und Spaß auf kleine Luftkissenboote.

## WIE SIE SCHWEBEN

Luftkissenfahrzeuge schweben auf einem Luftkissen, mit dem sie über flaches Land oder Wasser gleiten. Ein großes, nach unten gerichtetes Gebläse in der Mitte des Fahrzeugs erzeugt den Auftrieb, durch den es vom Boden abhebt; eine flexible Schürze am Fahrzeugrand fängt die meiste Luft ein, wodurch das Fahrzeug in der Schwebe bleibt. Weitere Gebläse oder Propeller sind rund um oder auf dem Fahrzeug angebracht und erzeugen Schub, um die Fahrtrichtung zu steuern: vorwärts, rückwärts oder seitwärts.

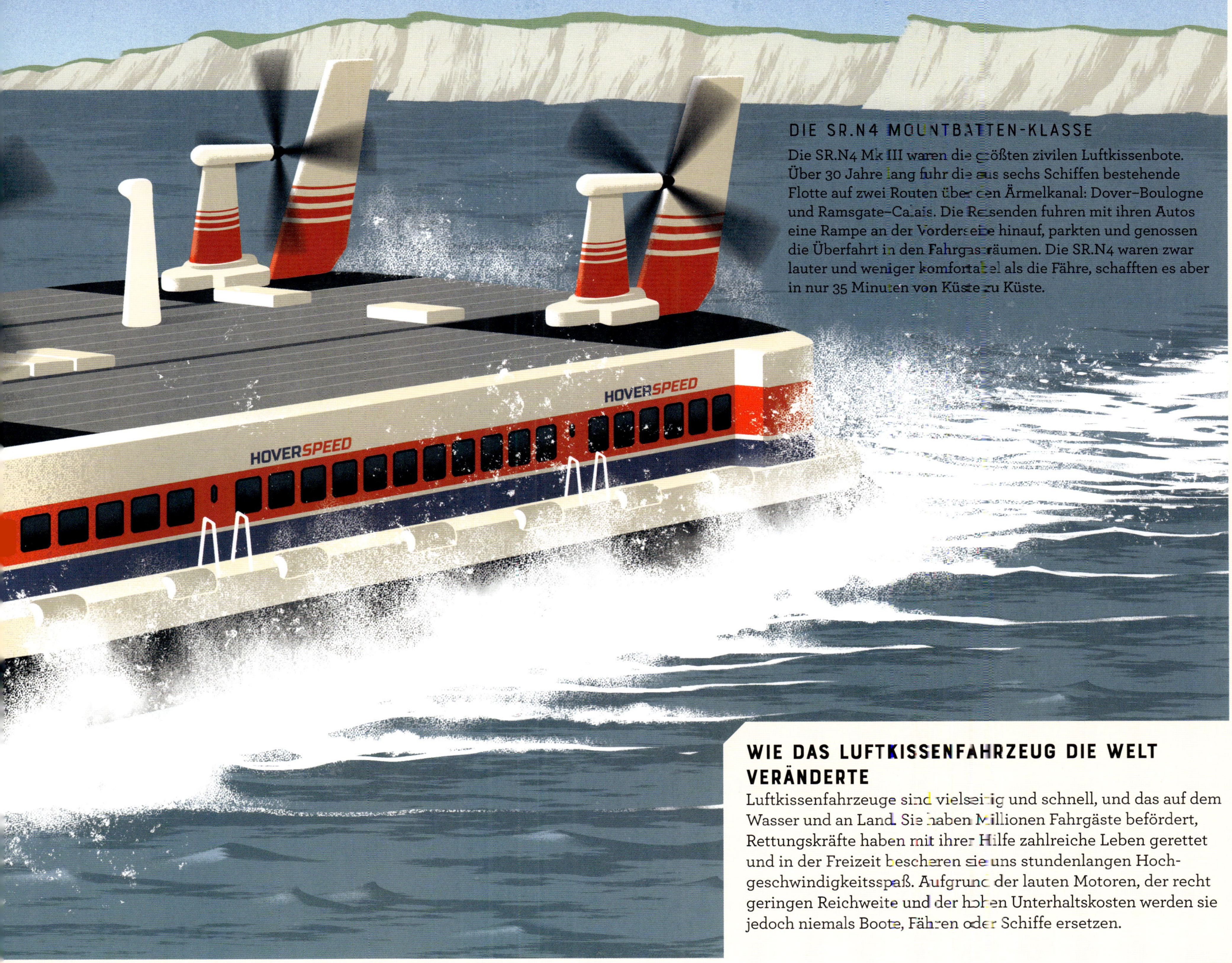

## DIE SR.N4 MOUNTBATTEN-KLASSE

Die SR.N4 Mk III waren die größten zivilen Luftkissenbote. Über 30 Jahre lang fuhr die aus sechs Schiffen bestehende Flotte auf zwei Routen über den Ärmelkanal: Dover–Boulogne und Ramsgate–Calais. Die Reisenden fuhren mit ihren Autos eine Rampe an der Vorderseite hinauf, parkten und genossen die Überfahrt in den Fahrgasträumen. Die SR.N4 waren zwar lauter und weniger komfortabel als die Fähre, schafften es aber in nur 35 Minuten von Küste zu Küste.

## WIE DAS LUFTKISSENFAHRZEUG DIE WELT VERÄNDERTE

Luftkissenfahrzeuge sind vielseitig und schnell, und das auf dem Wasser und an Land. Sie haben Millionen Fahrgäste befördert, Rettungskräfte haben mit ihrer Hilfe zahlreiche Leben gerettet und in der Freizeit bescheren sie uns stundenlangen Hochgeschwindigkeitsspaß. Aufgrund der lauten Motoren, der recht geringen Reichweite und der hohen Unterhaltskosten werden sie jedoch niemals Boote, Fähren oder Schiffe ersetzen.

# HUBSCHRAUBER

## HUBSCHRAUBER, HELIS, HELIKOPTER

Der Bell „Huey“ ist einer der erfolgreichsten und anpassungsfähigsten Hubschrauber, der je gebaut wurde. Diese robusten Mehrzweckhubschrauber wurden seit 1959 zu Tausenden hergestellt und sind bis heute weltweit im Einsatz. Sie gelten als die leistungsstarken Lastesel des Himmels. Den Start eines „Huey“ beschrieb jemand einmal so: „Die Maschine hob vom Boden ab, als würde sie in die Höhe stürzen.“

### ZAHLEN UND FAKTEN

» **NAME:** Bell UH-1H „Huey“
» **HERSTELLER:** Bell Helicopter, USA
» **VERWENDUNG SEIT:** 1959 (Bell UH-1 – erstes Modell); 1966 (Bell UH-1H – späteres Modell, siehe Abbildung)
» **GEBAUTE EXEMPLARE:** über 16.000
» **BESATZUNG:** 1 oder 2 Pilotinnen/Piloten
» **FAHRGÄSTE:** 12
» **ANTRIEB:** 1400-PS-Lycoming T53-L-13
» **HÖCHSTGESCHWINDIGKEIT:** 217 km/h
» **REICHWEITE:** 507 km
» **MAẞE:** Länge: 17,3 m; Breite: 2,6 m; Höhe: 4,2 m; Durchmesser des Rotors: 14,6 m

### VTOL – SENKRECHTSTARTER

Hubschrauber sind Vertical Take-Off and Landing (VTOL)-Fahrzeuge, das heißt sie starten senkrecht (vertikal) und landen auch so. Den dafür erforderlichen starken, vertikalen Auftrieb erzeugen die horizontalen Rotorblätter an der Oberseite: je schneller sie sich drehen, desto mehr Auftrieb erzeugen sie. Bis der Hubschrauber abhebt.

### FLIEGENDE FEUERWEHRLEUTE

Dies ist einer von neun Hubschraubern der Abteilung für Forstwirtschaft und Brandschutz in Kalifornien, der Cal Fire. Wird ein Waldbrand gemeldet, heben diese umgebauten „Hueys“ ab und sind innerhalb kürzester Zeit selbst an entlegensten Orten, um Feuerwehrleute abzusetzen und Flammen mit Wasser zu löschen. Das Wasser stammt entweder aus einem am Seil hängenden Behälter oder einem unter der Kabine befindlichen Tank, der aus nahe gelegenen Seen aufgefüllt wird.

### ALLES IM BLICK

Hubschrauber können schnell oder langsam fliegen und sogar beliebig lange an einer Stelle schweben. Sie sind wendig, sowohl in großer als auch in geringer Höhe, und können mit Kameras, Suchscheinwerfern, Wärmebildkameras und Lautsprechern ausgestattet werden. Dadurch sind sie perfekt für Polizei- und Nachrichtenteams geeignet: für die Verfolgung von rasenden Autos und flüchtenden Verdächtigen und bei der Berichterstattung von Tatorten, Katastrophen- und Unfallorten sowie Sport- und öffentlichen Veranstaltungen.

### PERSONENBEFÖRDERUNG

Hubschrauber sind ideal für den Transport kleinerer Gruppen an entlegene Orte, wo Flugzeuge nicht landen können, wie Ölplattformen, Schiffe, Forschungsstationen in der Arktis oder auf Bergen. Und sollte selbst der Hubschrauber nicht landen können (wie im Dschungel), kann man Personen und Ausrüstung einfach während des Flugs abseilen.

### LEBENSRETTUNG

Für die Suche nach verirrten oder verletzten Personen in der Wildnis sind Hubschrauber perfekt geeignet. Sobald man sie findet, können sie mit einer Winde und einem Flaschenzugsystem direkt in den schwebenden Hubschrauber gehoben und zum nächsten Krankenhaus geflogen werden. Zudem gibt es Hubschrauber, die als Flugambulanzen dienen – mit medizinischer Notfallausrüstung in der Kabine und Platz für fahrbare Krankenliegen an Bord.

## WIE DER HUBSCHRAUBER DIE WELT VERÄNDERTE

Schnell, wendig und fähig, fast überall zu landen: Hubschrauber wie der Bell „Huey“ haben die Welt verändert – nicht nur als Transport-, sondern auch als Rettungsfahrzeug. Denn wenn man auf See verschollen ist, auf einem Berg festsitzt oder mitten in einem Waldbrand, gibt es kein schöneres Geräusch, als das gleichmäßige Dröhnen eines nahenden Hubschraubers.

# SCHNEEMOBIL

## FLOTTER SCHNEEFLITZER

In den 1950er-Jahren verkündete der kanadische Tüftler Joseph-Armand Bombardier, er werde eines Tages „eine kleine Maschine erfinden, die über Schnee gleitet". Er dachte an ein Fahrzeug, mit dem man auch ohne Schlittenhunde schnell und sicher über Eis und Schnee fahren konnte. Nach vielen Jahren des Experimentierens entwickelte er schließlich das Schneemobil – eine leichte Konstruktion, angetrieben von einer Raupenkette und gelenkt von zwei Skiern.

### ERSTE ENTWÜRFE

An motorisierten Fahrzeugen, die auf Schnee fahren konnten, wurde bereits Anfang des 20. Jahrhunderts getüftelt, kurz nach der Erfindung des Verbrennungsmotors. Bei Autos wie dem berühmten Ford Modell T (Seite 36) tauschte man die Räder gegen Raupenketten und Skier. Allerdings waren die Ford Snow Flyer zu schwer, um wirklich zu überzeugen. Erst Joseph-Armand Bombardier entwickelte schließlich das leichte Schneemobil, das wir heute kennen.

### ZAHLEN UND FAKTEN

- **NAME:** K60 Ski-Doo
- **HERSTELLER:** Bombardier Inc, Kanada
- **PRODUKTIONSSTART:** 1960
- **ANTRIEB:** 7-PS-4 Takt-Kohler-Benzinmotor
- **HÖCHSTGESCHWINDIGKEIT:** ca. 30 km/h
- **MAẞE:** Länge: 277 cm; Breite: 79 cm; Höhe: 76 cm; Gewicht: 152 kg

### EINE SPUR, ZWEI KUFEN

Schneemobile sind zum Fahren auf Eis und Schnee konzipiert. Sie verfügen über eine Raupenkette, mit der sie auf verschneiten Oberflächen Halt finden. Diese Raupe ist fast so breit wie das Schneemobil und wird von einem Front-Benzinmotor angetrieben. Gelenkt wird das Fahrzeug von zwei Frontskiern an einer Lenkstange. Dank Stoßdämpfern und einem bequemen Sitz wird die Fahrt auf hartem oder unebenem Schnee komfortabler.

## EIN GLÜCKLICHES MISSGESCHICK

Joseph-Armand Bombardier wollte seine neue Erfindung eigentlich „Ski-Dog“ nennen, da sie ja über Skier verfügte und Schlittenhunde ersetzen sollte. In den Werbebroschüren stand jedoch fälschlicherweise „Ski-Doo“. Glücklicherweise fand Bombardier den Namen Ski-Doo sehr gut und beschloss, ihn zu behalten.

## STUNT-FAHRZEUGE

Heutige Schneemobile sind viel leistungsfähiger als die Modelle von Bombardier. Sie haben meistens zwischen 100 und 180 PS, erreichen Spitzengeschwindigkeiten von über 150 Kilometer pro Stunde, können durch extrem unwegsames Gelände fahren und beeindruckende Stunts vollführen.

## SICHERHEIT IM SCHNEE

Heute ist man während der Fahrt über ein Sicherheitsseil mit dem Schneemobil verbunden. Bei einem Sturz wird dieses Seil vom Fahrzeug getrennt und der Motor abgeschaltet. So wird verhindert, dass das Schneemobil unkontrolliert weiterfährt.

## WIE DAS SCHNEEMOBIL DIE WELT VERÄNDERTE

Für all jene, die in abgelegenen, verschneiten Orten Nordamerikas, Kanadas und Skandinaviens leben, hat das Schneemobil vieles verändert. Zuvor brauchte man Schneeschuhe und Hundeschlitten, um sich zu versorgen. Schneemobile sind schneller und erfordern weniger Kraftaufwand als Schneeschuhe und im Gegensatz zu Hunden starten sie auf Knopfdruck, sind einfacher zu fahren und billiger im Unterhalt. Diese leistungsstarken Maschinen erleichtern den Menschen in den eisigsten Regionen der Erde das Leben, machen es sicherer und sorgen für mehr Spaß.

# DIESELLOKOMOTIVE

## ARBEITSPFERDE DES SCHIENENVERKEHRS

Betätigt man den Startknopf einer Deltic-Diesellokomotive der Baureihe 55, klingt das, als würden Tausende Steine in einer riesigen Blechtrommel geschüttelt. Dann folgen ein mächtiges Dröhnen, ein Schwall heißer Auspuffgase und ein tiefes, kehliges Grollen. Seit den 1960er-Jahren prägen solch gewaltige Maschinen den Bahnverkehr in Großbritannien – und weltweit – und befördern Fracht und Waggons sicher und schnell über Stahlschienen.

### ZAHLEN UND FAKTEN

- **KLASSE:** British Rail Class 55 Deltic
- **NAME:** D9009 Alycidon
- **HERSTELLER:** English Electric, UK
- **EINSATZZEIT:** 1961–80
- **GEBAUTE EXEMPLARE:** 22
- **BESATZUNG:** 1
- **ANTRIEB:** 2 x 18-Zylinder-Napier Deltic-Dieselmotoren
- **MOTORLEISTUNG:** 1650 PS pro Motor
- **HÖCHSTGESCHWINDIGKEIT:** 161 km/h
- **MAßE:** Länge: 21 m; Breite: 2,68 m; Höhe: 3,9 m; Gewicht: 100 t

### DIE GEWALTIGE DELTIC

Die Deltic war die erste Diesellok in Großbritannien, die 160 Kilometer pro Stunde über längere Strecken fahren konnte. Ihre beiden Motoren wurden ursprünglich für Patrouillenboote der Royal Navy entwickelt und dann für die Lokomotiven angepasst.



### ENTWICKLUNG VON DIESELMOTOREN

1892 erfand der deutsche Maschinenbauingenieur Rudolph Diesel den Dieselmotor. Anfang des 20. Jahrhunderts wurde er zunächst in Versuchszügen erprobt. Damals waren Dieselmotoren noch zu schwer und zu leistungsschwach, um sich zu bewähren, aber nach und nach gab es viele Verbesserungen. Ab den 1930er-Jahren konnte man dann Loks mit Dieselmotoren immer häufiger für den Personen- und Güterverkehr einsetzen.

## WIE DIE DIESELLOKOMOTIVE DIE WELT VERÄNDERTE

Durch die Verdrängung der Dampflok haben Diesellokomotiven den Eisenbahnverkehr weltweit verändert. Sie sind schneller, zuverlässiger, einfacher zu bedienen, leistungsstärker und haben eine größere Reichweite. Außerdem brauchen sie weniger Wartung, sind nicht so belastend für die Umwelt und produzieren weder feuergefährliche Funken noch Schlacke. Diese dieselbetriebenen Zugpferde sind nach wie vor führend im Güterverkehr, obwohl wahrscheinlich umweltfreundlichere Elektroloks in Zukunft ihren Platz einnehmen werden.

### DELTIC FAHREN

Eine Deltic fuhr sich ganz anders als eine Dampflok – es war zwar immer noch höchst anspruchsvoll, aber körperlich nicht so anstrengend. Man musste keine Kohle mehr in eine glühend heiße Brennkammer schaufeln und war in der offenen Kabine nicht Wind und Regen ausgesetzt. Man saß bequem auf einem gepolsterten Stuhl und steuerte den Motor mit Knöpfen, Bremsgriffen und einem Gashebel. Und es gab eine Kochplatte für Tee, ein Waschbecken und eine Toilette in der Zugspitze.

### BESSERER HALT

Zuweilen verlieren Dieselloks bei Glatteis oder beim Ziehen einer schweren Last bergan den Halt auf den Schienen und die Räder drehen durch. Daher haben viele Dieselloks eine „Sandstreuer" genannte Vorrichtung an den Vorderrädern. Gerät der Zug ins Rutschen oder lässt die Zugkraft nach, wird er eingesetzt und bläst Sand auf die Schienen, wodurch sich die Radhaftung erhöht und die Fahrt weitergehen kann.

### DIESELANTRIEB

Dieselkraftstoff wird für den Schwerlastverkehr verwendet, weil er billiger und effizienter als Benzin ist und weniger leicht in Brand gerät oder explodiert. Allerdings entstehen auch hier schädliche Abgase, die Kohlendioxid enthalten. Das verschmutzt die Atmosphäre, trägt zur globalen Erwärmung bei und ist beim Einatmen gesundheitsschädlich.

### DIESELELEKTRISCHE LOKOMOTIVEN

Elektrolokomotiven beziehen den Strom, den sie zum Fahren benötigen, entweder aus Oberleitungen oder einer dritten Schiene am Boden. Bei Diesellokomotiven erzeugt hingegen der dröhnende Motor selbst Strom, der wiederum auf kleinere elektrische Antriebsmotoren an den beiden sechsrädrigen Fahrwerken übertragen wird. Diese Motoren treiben die Räder an. Eigentlich müssten wir diese Fahrzeuge also dieselelektrische Lokomotiven nennen.

# AUTO-RIKSCHA

## MINI-MASCHINEN

Bunte Auto-Rikschas gibt es in vielen Städten weltweit, besonders in Indien, Afrika, dem Nahen Osten und Südostasien. Auf den Straßen wimmelt es von diesen winzigen knatternden Fahrzeugen, die sich in den Verkehr ein- und ausfädeln, hin und her flitzen, um Fahrgäste aufzunehmen, Waren zu liefern und schnellstmöglich von einem Ort zum anderen zu gelangen.

### ZAHLEN UND FAKTEN

- » **WEITERE NAMEN:** Bajaj, Chand Gari, Tuk-tuk
- » **ANZAHL DER PERSONEN:** 4 (1 Chauffeur, 3 Fahrgäste)
- » **ANTRIEB:** 2- oder 4-Takt-1-Zylindermotor
- » **KRAFTSTOFFE:** verschiedene, darunter Benzin, Diesel und komprimiertes Erdgas (CNG)
- » **MOTORLEISTUNG:** ca. 7 PS
- » **HÖCHSTGESCHWINDIGKEIT:** 80 km/h
- » **DURCHSCHNITTSGESCHWINDIGKEIT:** 50–60 km/h
- » **GÄNGE:** 5 (4 vorwärts, 1 rückwärts)
- » **MAßE:** Länge: 2,62 m; Breite: 1,3 m; Höhe: 1,7 m; Gewicht: 610 kg

### RIKSCHAS

Auto-Rikschas sind die moderne, motorisierte Version eines viel älteren Fahrzeugs namens „Rikscha". Es wurde erstmals Ende des 19. Jahrhunderts in Japan eingesetzt („Rikscha" stammt aus dem Japanischen und bedeutet „von Menschen angetriebenes Fahrzeug"). Es handelte sich um kleine Holzwagen mit zwei Speichenrädern und zwei langen Stangen vorn am Wagen, an denen jemand sie hinter sich herzog. Sie waren gerade groß genug für einen Passagier.

### VIELSEITIGE FAHRZEUGE

In heißen Ländern ist eine Rikscha-Fahrt sehr angenehm, da sie an den Seiten offen sind und die Insassen so den Fahrtwind genießen können. Außerdem sind sie eine echte Alternative zum Auto: Sie sind billiger in der Anschaffung, leichter zu warten und verbrauchen nicht so viel Kraftstoff. Obwohl sie meistens auf belebten Straßen in der Stadt unterwegs sind, kommt man mit Auto-Rikschas auch auf Landstraßen voran, wenngleich sich die kleinen Motoren mit Hügeln schwertun.

## WIE DIE AUTO-RIKSCHA DIE WELT VERÄNDERTE

Die Auto-Rikscha ist erschwinglich, leicht zu warten und für dichten Verkehr hervorragend geeignet. Sie hat vor allem in ärmeren Ländern einiges verändert, denn für die, die sich kein Auto leisten können, ist sie ein Transportmittel, das es zusätzlich möglich macht, durch Taxi- oder Lieferfahrten Geld zu verdienen. Zudem verringert sich durch sie die Zahl der größeren Fahrzeuge auf den Straßen (wie Pkw und Lieferwagen) und somit der Ausstoß gesundheits- und klimaschädlicher Abgase.

## ZICK-ZACK-FAHRTEN

Eine Auto-Rikscha fährt sich wie eine Mischung aus Motorrad und Kleinwagen. Obwohl man durch Dach und Windschutzscheibe halbwegs geschützt ist, bekommt man durch die fehlenden Seitentüren einiges vom Lärm, der Hitze und den Abgasen mit. Es erfordert viel Geschick, sich mit einer Auto-Rikscha auf den belebten Straßen durch den Verkehr zu schlängeln. Denn selbst wenn sie nicht sehr schnell fährt, kippt sie aufgrund des einzigen Vorderrads um, wenn man die Kurve zu eng nimmt.

# LUFTSEILBAHN

## FÜR HOCH GELEGENE UND SCHWER ZUGÄNGLICHE ORTE

Medellín, die zweitgrößte Stadt Kolumbiens, ist ein lebendiger, quirliger Ort mit einer reichen Kultur und 2,5 Millionen Einwohnern. Das moderne Metro-Netz ist der ganze Stolz der Stadt und befördert täglich 500.000 Passagiere zur Arbeit und zurück. Aber manche Gegenden von Medellín sind viel zu hügelig, als dass Züge oder Busse sie erreichen könnten. Alle, die dort leben, sind praktisch auf sich allein gestellt. Daher wurde 2004 ein brandneues Nahverkehrsmittel eingeführt, um diese Menschen an ihr Ziel zu bringen: das Metrocable.

### ZAHLEN UND FAKTEN

- **TYP:** Gondelbahn
- **BETREIBER:** Medellín Metro, Kolumbien
- **ERÖFFNET:** 2004
- **STATIONEN:** 15
- **LÄNGE DER STRECKE:** 14,6 km
- **BESATZUNG:** 0
- **FAHRGÄSTE:** 16 Millionen pro Jahr
- **DURCHSCHNITTSGESCHWINDIGKEIT:** 18 km/h
- **MAßE:** Länge: 1,8 m; Breite: 2 m; Höhe: 2,3 m

### DIE SEILBAHNSTÜTZEN

In regelmäßigen Abständen entlang der Strecke stehen Seilbahnstützen, über die das Seil mit den Kabinen geführt wird. Die sogenannten Klemmen der Kabinen laufen an der Oberseite des Seils, sodass die Kabinen auf Rollen über die Stütze „fahren“ können.

### DAS KABEL

Jedes Metrocable-Seil ist eine Endlosschleife aus einem einzelnen Stahlkabel. Diese Kabel bestehen aus vielen dünnen miteinander verschlungenen Stahlsträngen, wodurch sie flexibel und sehr stabil sind. Jede Kabine ist mit einer sogenannten Klemme am Kabel befestigt, und wenn sich das Kabel bewegt, fährt die Kabine mit.

### DIE STATION

Hier steigt man in die Seilbahn ein und aus. Auch der Elektromotor, der das Seil mit den daran hängenden Kabinen antreibt, befindet sich hier. An jedem Streckenende sorgt ein großes Rad, auf dem das Seil läuft, für einen reibungslosen Betrieb. Wenn die Seilbahn um diese sogenannten Seilscheiben herumfährt, wechselt sie die Richtung von der Berg- zur Talfahrt und umgekehrt.

## VOM GÜTERTRANSPORT ZUM TOURISMUS

Seilbahnen sind seit etwa 200 Jahren in Betrieb. Zunächst dienten sie dazu, Güter wie Holz, Teeblätter, Kaffeebohnen, Kohle und Erz, die hoch oben in den Bergen angebaut oder gefördert wurden, in riesigen Metallwannen hinabzutransportieren. Seit Anfang des 20. Jahrhunderts wurden Seilbahnen auch gebaut, um Reisenden spektakuläre Ausblicke auf die Schönheit der Natur zu ermöglichen. Heutzutage gibt es sie vor allem in Skigebieten, damit man möglichst schnell auf die verschneiten Pisten gelangt.

## DIE KABINE

Im Metrocable sitzt man auf Metallbänken und schaut durch große Fenster auf langsam vorbeiziehende Berghänge, Bäume, Geschäfte, Cafés und die verwinkelten Straßen von Medellín. Am Ende der kurzen und bequemen Fahrt kann man in die Metro umsteigen oder zu Fuß weitergehen. Dank des Metrocable-Netzes ist alles, was das Stadtzentrum zu bieten hat, auch für die Ärmsten der Stadt gut zu erreichen.

## WIE DIE LUFTSEILBAHN DIE WELT VERÄNDERTE

Das Metrocable hat den Alltag in Medellín enorm verändert. Früher musste man aus den hügeligen Außenbezirken 2,5 Stunden bis zum Stadtzentrum laufen. Jetzt kommt man mit der Seilbahn bequem und kostengünstig in nur 20 Minuten zur Arbeit, zur Schule oder Universität und an medizinische Versorgung. Ähnliche Netze wie das Metrocable gibt es inzwischen auch in anderen Ländern, darunter in Singapur, der Türkei, Mexiko, Bolivien, Brasilien und Venezuela, mit den gleichen Vorteilen und Möglichkeiten für alle, die dort leben.

# HOCHGESCHWINDIGKEITSZUG

## SCHNELL WIE EINE GEWEHRKUGEL

1964 nahm eine außergewöhnliche neue Maschine zwischen den japanischen Städten Tokio und Osaka ihre rasante Fahrt auf: der Hochgeschwindigkeitszug Shinkansen. Blau-weiß lackiert und geformt wie ein Geschoss, mit runder Nase, sieht er heute beinahe futuristisch aus – obwohl er schon fast 60 Jahre alt ist. Die Welt war sofort begeistert. So etwas hatte man noch nie gesehen! Schon bald beeilten sich andere Länder, eigene Hochgeschwindigkeitszüge zu bauen.

### ZAHLEN UND FAKTEN

- » **TYP:** Hochgeschwindigkeitszug (HST)
- » **KLASSE:** Serie 0
- » **BETREIBER:** JNR (Japanische Staatsbahn)
- » **BETRIEBSDAUER:** 1964–2008
- » **GEBAUTE EXEMPLARE:** 3216
- » **BESATZUNG:** 1 Fahrerin/Fahrer
- » **FAHRGÄSTE:** 1340 (16 Waggons)
- » **HÖCHSTGESCHWINDIGKEIT:** 210 km/h (1964–85); 220 km/h (1986–2008)
- » **MAẞE (PRO WAGEN):** Länge: 25 m; Breite: 3,3 m; Höhe: 4,2 m

### FLUGZEUGE, ZÜGE UND AUTOS

In den 1950er-Jahren galten Züge, verglichen mit den komfortablen Autos (Seite 36) und den schnellen Passagierflugzeugen (Seite 82), als langsam und altmodisch. Doch die japanische Regierung beschloss, den Zugverkehr auszubauen – mithilfe eines Zugs, der schneller und zuverlässiger sein sollte als alle zuvor. Sie nannten ihn Shinkansen, was „Neue Hauptstrecke" bedeutet. Aber sein Design und die Art und Weise, wie er über die Schienen zu fliegen schien, brachten dem Hochgeschwindigkeitszug den Spitznamen Bullet Train ein: „Gewehrkugelzug".

### NEUE ZÜGE, NEUE GLEISE

Für die blitzschnelle Shinkansen-Linie benötigte man neue Schienen. 500 Kilometer Gleise wurden verlegt, so gerade wie irgend möglich. Die Züge sollten mit Höchstgeschwindigkeit fahren können, ohne durch Kurven ausgebremst zu werden. 113 Kilometer Tunnel wurden dazu in den Fels gesprengt, 3000 Brücken gebaut und Straßen so umgeleitet, dass sie über oder unter den Gleisen verliefen. Zusammen mit der Planung und dem Bau der neuen Züge wurde all das in nur 5 Jahren realisiert.

## REGELMÄẞIG UND VERLÄSSLICH

Nach 3 Jahren im Einsatz hatte der Shinkansen 100 Millionen Fahrgäste befördert. 1976 waren es bereits eine Milliarde. Bis heute wurden insgesamt 10 Milliarden Fahrten mit dem Shinkansen unternommen. Zu Spitzenzeiten verlassen die Züge den Bahnhof von Tokio alle 3 Minuten. Verspätung haben sie selten, höchstens ein paar Sekunden. Verblüffend ist auch, dass in der Geschichte des Shinkansen keine Passagiere durch Unfälle oder Entgleisungen ums Leben gekommen sind.

## EIN RASANTER ERFOLG

Die Züge der Serie 0 erreichten eine Geschwindigkeit von 210 Kilometern pro Stunde – doppelt so schnell wie alle anderen Züge der Welt – und verkürzten die Fahrzeit zwischen Tokio und Osaka von 6,5 auf nur 3 Stunden. Die Menschen konnten nun in den Zug steigen, Freunde und Familie besuchen, einkaufen oder an Geschäftsmeetings teilnehmen, und rechtzeitig zum Abendessen wieder zu Hause sein.

## WIE DER HOCHGESCHWINDIGKEITSZUG DIE WELT VERÄNDERTE

Die Serie 0 des Shinkansen war der Beginn des Zeitalters der Expresszüge. Durch die kürzeren Reisezeiten sparte Japan jährlich schätzungsweise 400 Millionen Stunden und 4,1 Milliarden Euro ein. Die restliche Welt profitierte ebenfalls: Nachdem sich gezeigt hatte, wie sicher, zuverlässig und blitzschnell der Shinkansen ist, haben andere Länder eigene Hochgeschwindigkeitsstrecken gebaut, auf denen die neuen Züge zum Einsatz kommen.

# SPIONAGEFLUGZEUG

## GESCHWINDIGKEIT, TARNUNG UND AUFKLÄRUNG

Der Rumpf der SR-71 Blackbird gleicht einer Speerspitze. Von unten sieht sie dank ihrer messerscharfen Kanten und der breiten, flachen Unterseite wie ein Mantarochen aus. Dabei schnellt sie durch die Luft wie ein Fisch durchs Wasser und die beiden feuerspeienden Triebwerke könnten aus einem Science-Fiction-Film stammen. Dieses Wunderwerk der Technik sieht zwar aus, als käme es aus der Zukunft, ist aber schon vor über 50 Jahren das erste Mal in die Luft gegangen!

### ZAHLEN UND FAKTEN

- » **NAME:** SR-71 Blackbird
- » **WEITERE NAMEN:** Sled, Habu und Lady in Black
- » **HERSTELLER:** Lockheed, USA
- » **GEBAUT FÜR:** US Air Force und National Aeronautics and Space Administration (NASA), USA
- » **EINSATZZEIT:** 1966–99
- » **GEBAUTE EXEMPLARE:** 32
- » **BESATZUNG:** 2 (Pilotin/Pilot und Offizierin/Offizier für Aufklärungssysteme (RSO))
- » **ANTRIEB:** 2 x Pratt & Whitney J58-Turbinen-Strahltriebwerke mit Nachbrennern
- » **HÖCHSTGESCHWINDIGKEIT:** 3540 km/h / Mach ca. 3,32
- » **MAXIMALE HÖHE:** 25.908 m
- » **STEIGGESCHWINDIGKEIT:** 3603 m/min
- » **REICHWEITE:** 5926 km
- » **MAẞE:** Länge: 32,74 m; Spannweite: 16,94 m; Höhe: 5,64 m

### STRENG GEHEIM

Im Kalten Krieg (1947–91) herrschte großes Misstrauen zwischen den westlichen Ländern, mit den USA an der Spitze, und denen im Osten, angeführt von der UdSSR (dem heutigen Russland). Jede Seite wollte mit Luftaufnahmen aus Spionageflugzeugen die Geheimnisse des Gegners aufdecken. US-Präsident Johnson verkündete 1964, dass bereits Ende der 1950er-Jahre ein Flugzeug in Auftrag gegeben wurde, das nicht abschießbar sein sollte. Die geheimnisvolle Forschungsabteilung Skunk Works des kalifornischen Unternehmens Lockheed hatte die SR-71 entwickelt.

### SPIONE IN DER LUFT

Die SR-71 wurde eingesetzt, um Fotos von feindlichen Gebieten aufzunehmen (etwa von Atomraketenanlagen) und sie zur Analyse zur Basis zu bringen – am Flugzeug befanden sich verschiedene Spionagegeräte wie Kameras und optische Radare in den Bugspitzen. Die Blackbird konnte pro Stunde 160.934 Quadratkilometer der Erdoberfläche fotografieren und verarbeitete eine Filmrolle, die etwa 3 Kilometer lang war. Diese Aufnahmen waren so gut, dass man Objekte auf dem Boden erkennen konnte, die kleiner als ein Schuh sind.

### UNSICHTBAR UND UNBESIEGBAR

Die Blackbird war eines der ersten Tarnkappenflugzeuge. Durch ihre schmale Form, mit scharfen Graten (klingenartige Kanten) am Rumpf, und die Art, wie der Rumpf in die Tragflächen übergeht, sowie ihre schwarze Farbe war sie auf dem Radar kaum zu erkennen. Keine einzige der über 1000 Boden-Luft-Raketen (SAMs), die auf die Blackbirds abgefeuert wurden, hat jemals getroffen. Sie beschleunigte einfach und war längst verschwunden, wenn die Rakete die anvisierte Stelle erreichte.

## WIE DAS SPIONAGEFLUGZEUG DIE WELT VERÄNDERTE

Manche Fahrzeuge sind Wunderwerke der Technik, andere sind Stilikonen – die SR-71 ist beides. Das Aussehen moderner Tarnkappenflugzeuge wie der F117 Nighthawk und der F35 Lightning basieren auf der 60 Jahre alten Erfindung der Blackbird und ihrem 30 Jahre währenden erfolgreichen Einsatz. Sie war nicht nur im Kalten Krieg wichtig, sondern hält auch viele Weltrekorde: den des höchstgeflogenen (25.929 Meter) und des schnellsten (3530 Kilometer pro Stunde) bemannten Flugzeugs.

### EINSÄTZE MIT DER BLACKBIRD

Die Blackbirds konnten nur einen Einsatz pro Woche durchführen, weil die Planungen und Vorbereitungen so aufwendig waren. Vor dem Start nahm die Besatzung eine energiereiche Mahlzeit aus Steak und Eiern zu sich. Und während des Flugs saugten sie durch Schläuche, die am Fenster erwärmt werden konnten, Getränke (Wasser, Eistee oder Fruchtsäfte), aber auch Speisen (Käsemakkaroni, Rindfleisch mit Bratensoße und Karamellpudding).

### EXPERTEN-CREW

Das Führen der Blackbird erforderte volle Konzentration. Jeder Fehler konnte katastrophale Konsequenzen haben – nicht nur für die Besatzung, sondern auch für die ganze Welt. Nur die Allerbesten durften die Blackbird fliegen und durchliefen die gleiche strenge Ausbildung wie NASA-Astronauten. Neil Armstrong, der erste Mann auf dem Mond (Seite 84), war Blackbird-Testpilot, bevor er in das Raumfahrtprogramm aufgenommen wurde.

# FORMEL 1-RENNWAGEN

## TEMPOMASCHINEN

Der Lotus 49 startete zum ersten Mal beim Großen Preis der Niederlande 1967. Gebannt verfolgte das Publikum, wie hochdrehende Motoren die Luft mit ohrenbetäubendem Dröhnen füllten – und dann, in einer Wolke aus Reifenqualm, ging es los: 17 aneinander gedrängte Rennwagen, die im Kampf um die Spitze rangelten. Im Lotus 49 mit der Startnummer „5" saß der zweifache Weltmeister Jim Clark, der mit dem Wagen das Rennen gewann, obwohl er ihn zum ersten Mal fuhr.

### DIE SCHNELLE FORMEL

Die Formel 1 ist der schnellste Motorsport der Welt. Seit 70 Jahren treten Spitzenfahrer und Spitzenfahrerinnen in den modernsten Autos an, um Champion zu werden. Die meisten Rennen (Grand Prix genannt, was „großer Preis" bedeutet) werden auf speziellen Strecken ausgetragen, aber es gibt auch Rennstrecken, wie in Monaco, die durch die Absperrung öffentlicher Straßen entstanden sind. Als Preise winken Ruhm und Reichtum – aber der Sport ist gefährlich und erfordert Geschick, Konzentration sowie körperliche und geistige Stärke.

### ZAHLEN UND FAKTEN

- **NAME:** Lotus 49
- **HERSTELLER:** Lotus Cars, UK
- **ENTWORFEN VON:** Colin Chapman und Maurice Philippe
- **GEBAUTE EXEMPLARE:** 9
- **BETRIEBSDAUER:** 1967–68
- **MOTOR:** 410-PS-V8-Ford Cosworth DFV
- **HÖCHSTGESCHWINDIGKEIT:** ca. 300 km/h
- **GETRIEBE:** 5-Gang-Schaltgetriebe
- **ANTRIEB:** Hinterradantrieb
- **MAẞE:** Länge: 4 m; Breite: 1,9 m; Höhe: 0,8 m; Gewicht: 530 kg

### SICHERHEIT ZULETZT

Die 1960er-Jahre waren goldene Zeiten für die Formel 1 – und die gefährlichsten. Die vielen tödlichen Unfälle mit Fahrern und Fans wurden einfach als Teil des Sports hingenommen. Auf Sicherheit wurde kaum geachtet: Die Fahrer trugen weder Gurte noch feuerfeste Anzüge. Nach Zusammenstößen wurden die Rennen einfach fortgesetzt. Das Publikum stand direkt an der Strecke neben brennbaren Absperrungen und nach Unfällen fingen die Wagen oft Feuer – die Fahrer darin eingeschlossen.

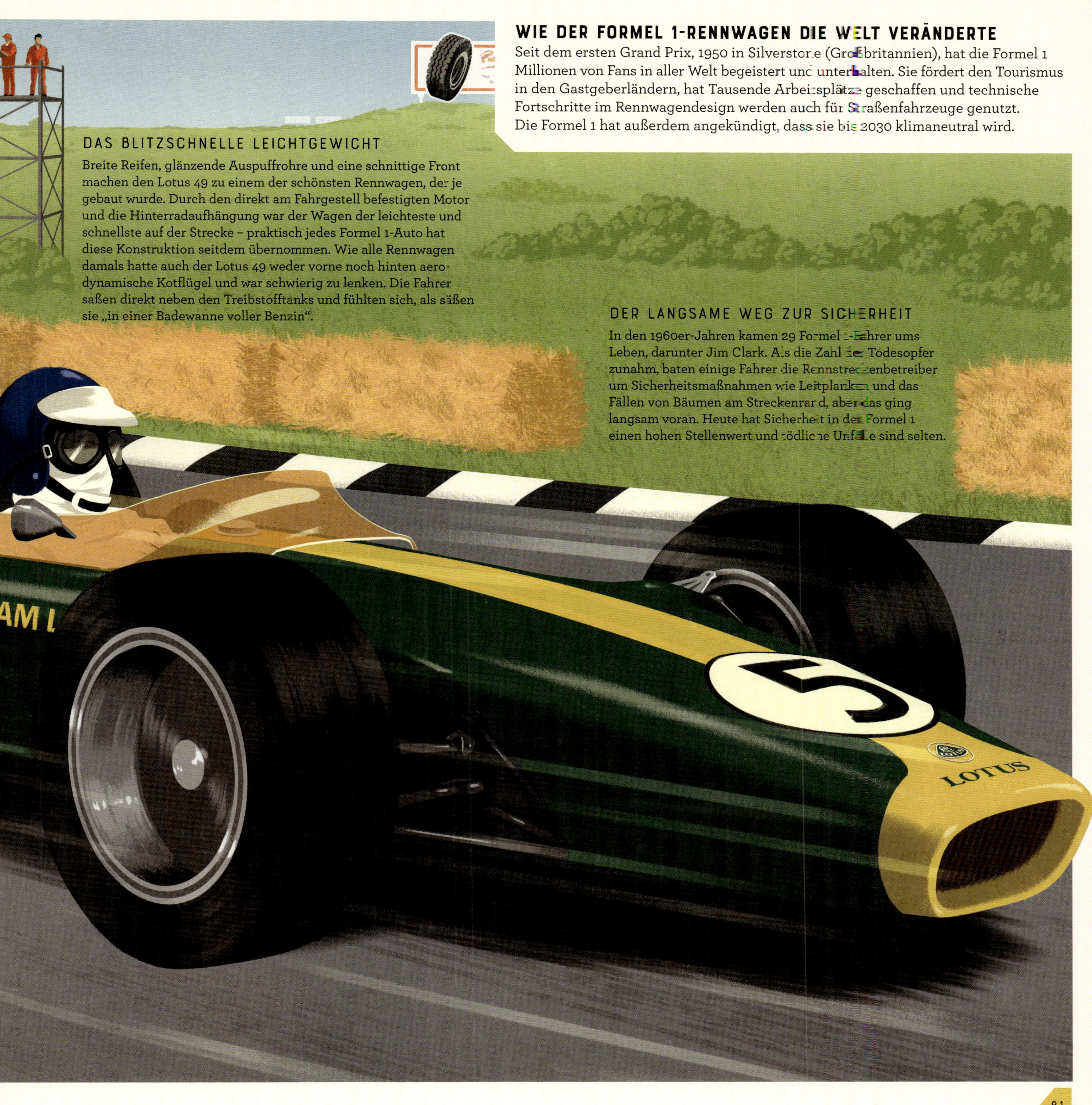


## WIE DER FORMEL 1-RENNWAGEN DIE WELT VERÄNDERTE

Seit dem ersten Grand Prix, 1950 in Silverstone (Großbritannien), hat die Formel 1 Millionen von Fans in aller Welt begeistert und unterhalten. Sie fördert den Tourismus in den Gastgeberländern, hat Tausende Arbeitsplätze geschaffen und technische Fortschritte im Rennwagendesign werden auch für Straßenfahrzeuge genutzt. Die Formel 1 hat außerdem angekündigt, dass sie bis 2030 klimaneutral wird.

### DAS BLITZSCHNELLE LEICHTGEWICHT

Breite Reifen, glänzende Auspuffrohre und eine schnittige Front machen den Lotus 49 zu einem der schönsten Rennwagen, der je gebaut wurde. Durch den direkt am Fahrgestell befestigten Motor und die Hinterradaufhängung war der Wagen der leichteste und schnellste auf der Strecke – praktisch jedes Formel 1-Auto hat diese Konstruktion seitdem übernommen. Wie alle Rennwagen damals hatte auch der Lotus 49 weder vorne noch hinten aerodynamische Kotflügel und war schwierig zu lenken. Die Fahrer saßen direkt neben den Treibstofftanks und fühlten sich, als säßen sie „in einer Badewanne voller Benzin".

### DER LANGSAME WEG ZUR SICHERHEIT

In den 1960er-Jahren kamen 29 Formel 1-Fahrer ums Leben, darunter Jim Clark. Als die Zahl der Todesopfer zunahm, baten einige Fahrer die Rennstreckenbetreiber um Sicherheitsmaßnahmen wie Leitplanken und das Fällen von Bäumen am Streckenrand, aber das ging langsam voran. Heute hat Sicherheit in der Formel 1 einen hohen Stellenwert und tödliche Unfälle sind selten.

# VERKEHRSFLUGZEUG

## ÜBER DEN WOLKEN

In seinen über 50 Jahren Betriebszeit hat der Jumbo-Jet Boeing 747 mehr als 3,5 Milliarden Fluggäste an Orte in aller Welt gebracht. Mit ihren vier Triebwerken an den nach hinten gerichteten Tragflächen und dem einzigartigen Oberdeck, auch „Buckel“ genannt, ist die Boeing 747 eines der erfolgreichsten und bekanntesten Passagierflugzeuge aller Zeiten.

### ZAHLEN UND FAKTEN

- » **TYP:** Großraum-Düsenflugzeug
- » **HERSTELLER:** Boeing Commercial Airplanes, USA
- » **ERSTER FLUG:** 1969
- » **GEBAUTE EXEMPLARE:** 1558
- » **BESATZUNG:** 14–18 (einschließlich Pilotin/Pilot und Co-Pilotin/Co-Pilot)
- » **FAHRGÄSTE:** 366 (verteilt auf 3 Klassen)
- » **ANTRIEB:** 4 x Pratt und Whitney JT9D-7F Turbotriebwerke
- » **HÖCHSTGESCHWINDIGKEIT:** 969 km/h
- » **GEBAUT:** 1966–2023 (noch im Einsatz)
- » **TREIBSTOFF:** Kerosin (4,5 l/min)
- » **MAXIMALE HÖHE:** 13.700 m
- » **REICHWEITE:** 9800 km
- » **MAẞE:** Länge: 71 m; Breite: 6 m; Flügelspannweite: 60 m; Höhe: 19 m

### DOPPELDECKER

Der erhöhte Bereich auf dem Rumpf, der sogenannte „Buckel“, ist eine Besonderheit der 747. Hier befindet sich das Oberdeck, das vom Unterdeck aus über eine Treppe zu erreichen ist. Ganz vorne ist das Cockpit und dahinter ein großer Bereich für die erste Klasse oder eine luxuriöse Lounge.

PAN AM

Clipper Seven Seas

### COCKPIT

Zwei Pilotinnen oder Piloten sitzen im Cockpit Seite an Seite und steuern das Flugzeug (mit Unterstützung des Autopiloten) vom Start bis zur Landung. Hunderte von Schaltern und Drehknöpfen machen das Cockpit einer 747 recht kompliziert. Trotzdem müssen diese riesigen Maschinen genau denselben physikalischen Regeln folgen wie das Flugzeug der Gebrüder Wright im Jahr 1903, als es zum ersten Mal abhob (Seite 38).

### FAHRWERK

Die Boeing 747 hat insgesamt 18 Reifen – zwei an der Vorderseite (die Bugräder) und jeweils zwei Vierersätze unter den Flügeln (das Hauptfahrwerk). Sie sind mit Stickstoffgas gefüllt, das sich, im Gegensatz zu Sauerstoff, bei Temperatur- oder Luftdruckschwankungen weder ausdehnt noch zusammenzieht. Sonst könnten die Reifen platzen.

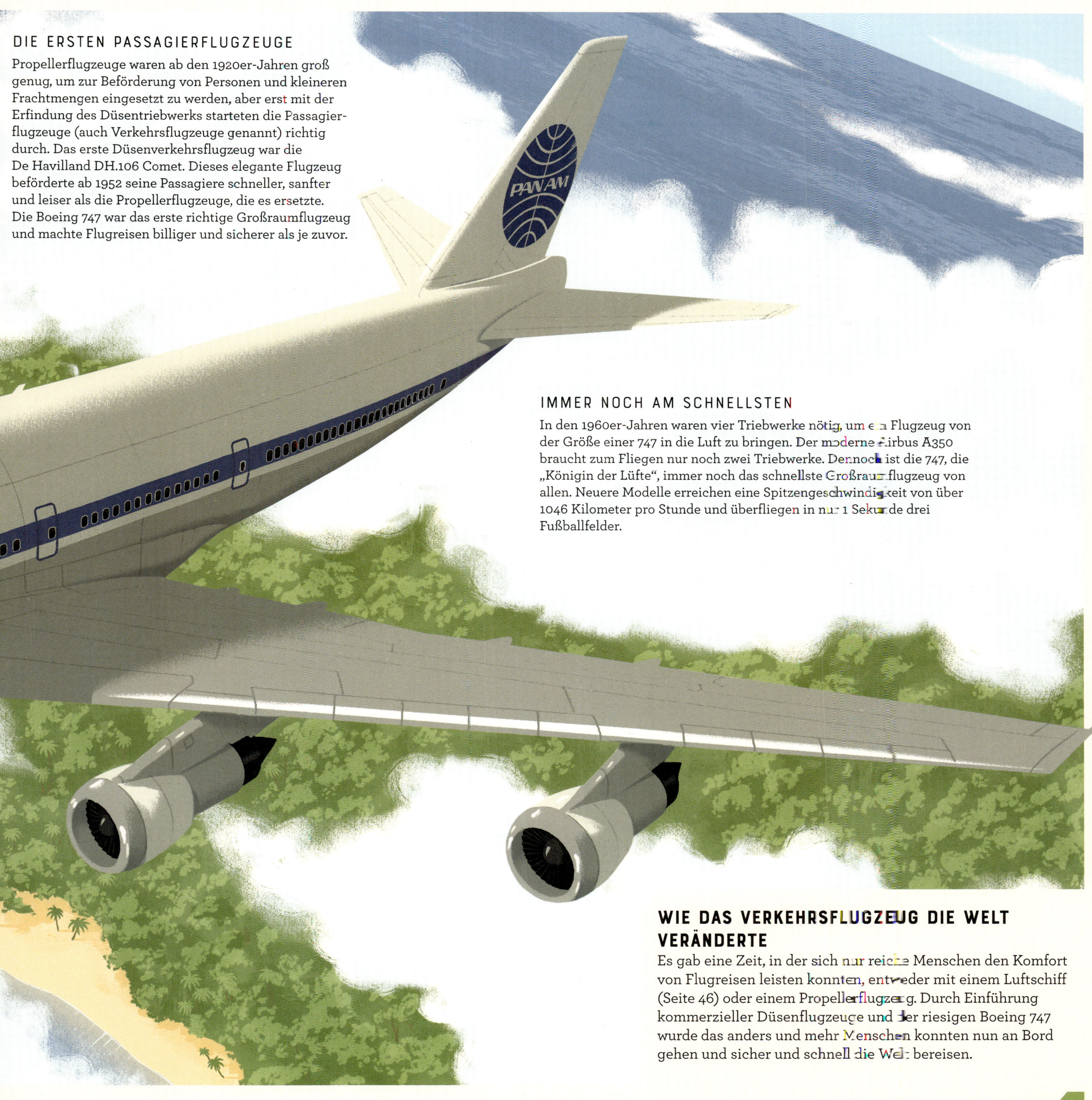

## DIE ERSTEN PASSAGIERFLUGZEUGE

Propellerflugzeuge waren ab den 1920er-Jahren groß genug, um zur Beförderung von Personen und kleineren Frachtmengen eingesetzt zu werden, aber erst mit der Erfindung des Düsentriebwerks starteten die Passagierflugzeuge (auch Verkehrsflugzeuge genannt) richtig durch. Das erste Düsenverkehrsflugzeug war die De Havilland DH.106 Comet. Dieses elegante Flugzeug beförderte ab 1952 seine Passagiere schneller, sanfter und leiser als die Propellerflugzeuge, die es ersetzte. Die Boeing 747 war das erste richtige Großraumflugzeug und machte Flugreisen billiger und sicherer als je zuvor.

## IMMER NOCH AM SCHNELLSTEN

In den 1960er-Jahren waren vier Triebwerke nötig, um ein Flugzeug von der Größe einer 747 in die Luft zu bringen. Der moderne Airbus A350 braucht zum Fliegen nur noch zwei Triebwerke. Dennoch ist die 747, die „Königin der Lüfte“, immer noch das schnellste Großraumflugzeug von allen. Neuere Modelle erreichen eine Spitzengeschwindigkeit von über 1046 Kilometer pro Stunde und überfliegen in nur 1 Sekunde drei Fußballfelder.

## WIE DAS VERKEHRSFLUGZEUG DIE WELT VERÄNDERTE

Es gab eine Zeit, in der sich nur reiche Menschen den Komfort von Flugreisen leisten konnten, entweder mit einem Luftschiff (Seite 46) oder einem Propellerflugzeug. Durch Einführung kommerzieller Düsenflugzeuge und der riesigen Boeing 747 wurde das anders und mehr Menschen konnten nun an Bord gehen und sicher und schnell die Welt bereisen.

# SATURN V

## MONDRAKETE

1961 sagte US-Präsident John F. Kennedy: „Ich glaube, diese Nation sollte sich dem Ziel verschreiben, bis zum Ende des Jahrzehnts einen Menschen auf dem Mond landen zu lassen und ihn sicher zur Erde zurückzubringen.“ Und tatsächlich hoben 1969, nur 8 Jahre später, drei mutige Astronauten mithilfe der Flammenfontäne ihrer Saturn V-Rakete von der Erde ab. Neil Armstrong und Edwin „Buzz“ Aldrin schrieben Geschichte, als sie nach ihrer Reise durch die stillen Weiten des Weltraums die weiße, staubige Oberfläche des Mondes betraten.

### ZAHLEN UND FAKTEN

- **TYP:** Superschwere Trägerrakete
- **BETREIBER:** National Aeronautics and Space Administration (NASA), USA
- **START DER APOLLO 11:** 16. Juli 1969
- **GESTARTET VON:** John F. Kennedy Space Center, Florida, USA
- **ANZAHL DER GESTARTETEN SATURN V:** 13
- **BESATZUNG:** 3 (Kommandant, Pilot der Kommandokapsel, Pilot der Mondlandefähre)
- **TREIBSTOFFE:** Kerosin und flüssiger Sauerstoff (1. Stufe), flüssiger Wasserstoff und flüssiger Sauerstoff (2. und 3. Stufe)
- **ZUGKRAFT BEIM START:** 34,5 Millionen Newton
- **HÖCHSTGESCHWINDIGKEIT:** 38.624 km/h
- **MAẞE:** Gesamthöhe: 110,6 m; Breite: 10 m; Gewicht (vollgetankt): 2800 t; Gasmenge: 2000 $m^3$

### KRAFTPAKET

Als größte, schwerste und leistungsstärkste Rakete aller Zeiten war die Saturn V-Rakete wirklich beeindruckend. Mit ausreichend Treibstoff, um im Auto 800 Mal die Erde zu umrunden, und fünf Feuer und Rauch spuckenden Triebwerken, die pro Sekunde 1 Tonne Treibstoff verbrannten, durchbrach sie die Atmosphäre und flog ins All.

### DAS APOLLO-PROGRAMM

Ziel des Apollo-Programms der NASA (1961–72) war es, die Landung von Menschen auf dem Mond möglich zu machen. Bei der ersten bemannten Mission wurde das Raumschiff Apollo, das aus zwei Komponenten bestand und von der Saturn V-Rakete transportiert wurde, in der Erdumlaufbahn getestet. Es folgten eine Reise zum Mond und zehn Mondumrundungen ohne Landung. Dann landeten Apollo 11, 12, 14, 15, 16 und 17 auf dem Mond, während Apollo 13 nach einer Fehlfunktion umkehren musste.

### DIE KOMMANDOKAPSEL

Nur dieser Teil der Saturn V kehrte zur Erde zurück. Die Crew saß Seite an Seite, inmitten der Instrumente und Schalttafeln. Während die Mondlandefähre (mit zwei Astronauten) auf dem Mond landete, blieb die winzige Kommandokapsel in der Mondumlaufbahn. Beim Rückflug schützte der Hitzeschild der Kapsel die Astronauten vor den glühenden Temperaturen beim Wiedereintritt in die Erdatmosphäre. Fallschirme bremsten die Kommandokapsel während ihres letzten Sinkflugs ins Meer.

### DIE MONDLANDEFÄHRE

Mit diesem Vehikel gelangten die beiden Astronauten auf die Mondoberfläche. Es diente ihnen als Basis für die Erkundung und das Sammeln von Proben. Nach der Rückkehr zur Kommandokapsel in der Mondumlaufbahn und dem Umladen von Besatzung, Ausrüstung und Proben wurde die Mondlandefähre abgeworfen.

## STUFE 3

Die Saturn V bestand aus drei verschiedenen Stufen. In Stufe 3, der kleinsten, befanden sich die Kommandokapsel, die Mondlandefähre und die drei Astronauten. Nach einigen Erdumrundungen wurde das J-2 Triebwerk der Stufe 3 gezündet und die lange Reise zum Mond begann – mit einer Geschwindigkeit von 38.624 Kilometern pro Stunde.

## STUFE 2

Die fünf riesigen Rocketdyne J-2-Triebwerke von Stufe 2 beförderten die Rakete aus der Atmosphäre und über die Erdanziehungskraft hinaus. Sobald dieser Punkt (in etwa 183 Kilometern Höhe) erreicht war, wurde Stufe 2 abgeworfen.

## STUFE 1

Stufe 1 war die größte Stufe. Sie katapultierte die Rakete nach oben in die Atmosphäre und war in einer Höhe von 67 Kilometern unglaubliche 8278 Kilometer pro Stunde schnell. An der Basis von Stufe 1 befanden sich fünf riesige Rocketdyne F-1-Triebwerke, von denen vier beweglich waren und die Rakete während des Flugs steuerten. Über den Triebwerken saßen Treibstofftanks. Sobald diese leer waren, wurde Stufe 1 abgeworfen.

## WIE DIE SATURN V DIE WELT VERANDERTE

Der Erfolg der NASA mit den Apollo-Missionen nur wenige Jahre nach Präsident Kennedys Rede war phänomenal. Heute experimentieren Raumfahrtbehörden weltweit mit Mehrzweckraketen und planen Mond- und sogar Marsbesuche. Es ist fast unglaublich, dass ein Mensch 1903 den Start des *Wright Flyer* (Seite 38) verfolgen und 64 Jahre später miterleben konnte, wie die erste Saturn V ins All flog. Der Anblick der Erde vom Mond aus eröffnete den Menschen eine neue Perspektive. Der Apollo-Astronaut James Irwin sagte: „Dieses schöne, warme, lebende Objekt sah so zerbrechlich, so zart aus. Ein solcher Anblick muss den Menschen einfach verändern."

# CONCORDE

## SCHNELLER ALS DER SCHALL

Im Düsenzeitalter wurden viele Passagierflugzeuge entworfen und man kann behaupten, dass sie sich mit ihren ausladenden, imposanten Formen alle sehr ähneln. Eins sticht jedoch aus der Masse hervor: die schnittige, formschöne und überschallschnelle Concorde. Und das liegt nicht nur an den markanten Deltaflügeln, dem schlanken Rumpf und der messerscharfen Nase – die Concorde war auch ein technisches Wunderwerk und flog mit doppelter Schallgeschwindigkeit nah an der Grenze zum Weltall entlang.

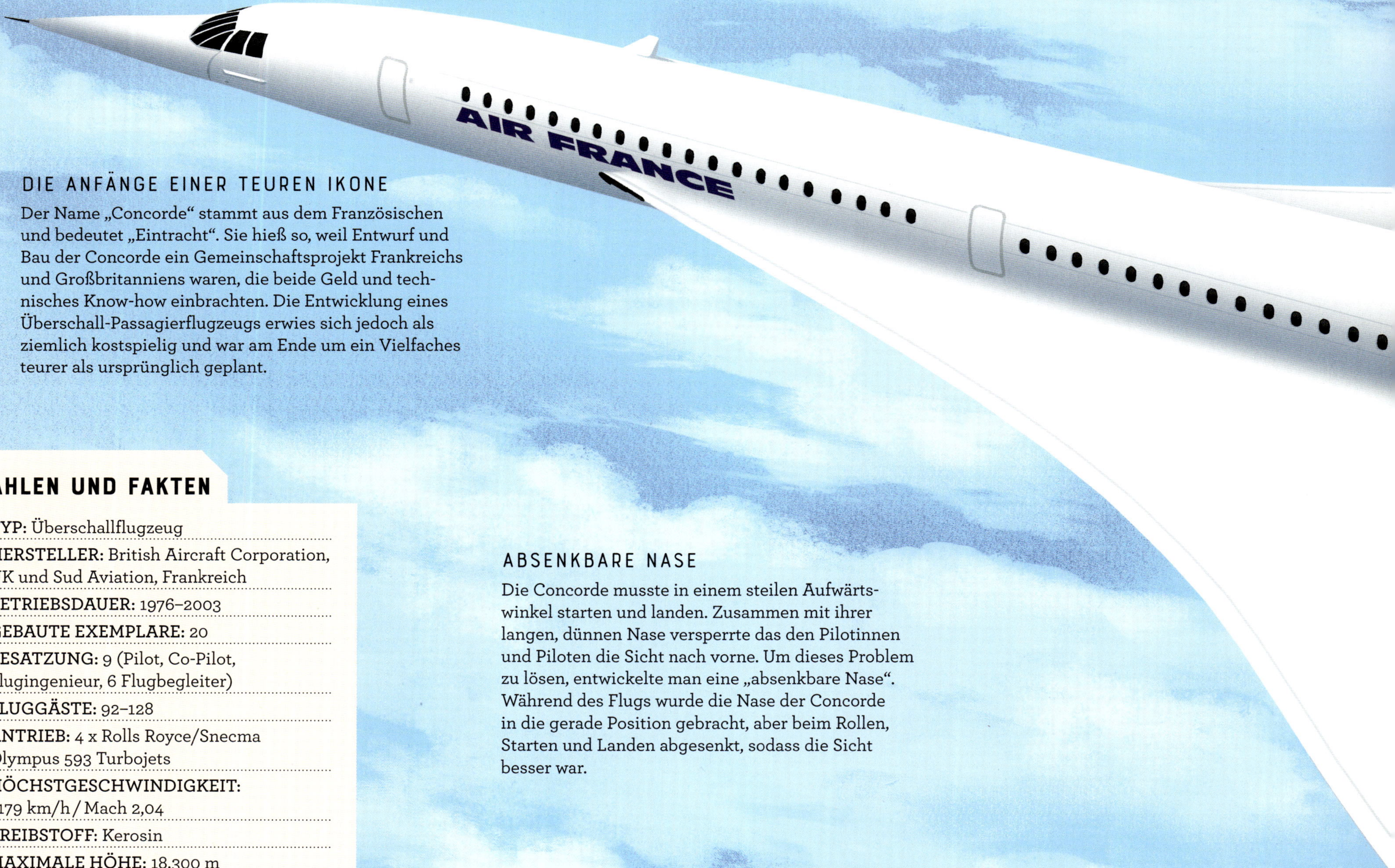

### DIE ANFÄNGE EINER TEUREN IKONE

Der Name „Concorde" stammt aus dem Französischen und bedeutet „Eintracht". Sie hieß so, weil Entwurf und Bau der Concorde ein Gemeinschaftsprojekt Frankreichs und Großbritanniens waren, die beide Geld und technisches Know-how einbrachten. Die Entwicklung eines Überschall-Passagierflugzeugs erwies sich jedoch als ziemlich kostspielig und war am Ende um ein Vielfaches teurer als ursprünglich geplant.

### ZAHLEN UND FAKTEN

- **TYP:** Überschallflugzeug
- **HERSTELLER:** British Aircraft Corporation, UK und Sud Aviation, Frankreich
- **BETRIEBSDAUER:** 1976–2003
- **GEBAUTE EXEMPLARE:** 20
- **BESATZUNG:** 9 (Pilot, Co-Pilot, Flugingenieur, 6 Flugbegleiter)
- **FLUGGÄSTE:** 92–128
- **ANTRIEB:** 4 x Rolls Royce/Snecma Olympus 593 Turbojets
- **HÖCHSTGESCHWINDIGKEIT:** 2179 km/h / Mach 2,04
- **TREIBSTOFF:** Kerosin
- **MAXIMALE HÖHE:** 18.300 m
- **REICHWEITE:** 6667 km
- **MAßE:** 61,66 m; Spannweite: 25,6 m; Höhe: 12,2 m; Tragflächengröße: 358 m$^2$

### ABSENKBARE NASE

Die Concorde musste in einem steilen Aufwärtswinkel starten und landen. Zusammen mit ihrer langen, dünnen Nase versperrte das den Pilotinnen und Piloten die Sicht nach vorne. Um dieses Problem zu lösen, entwickelte man eine „absenkbare Nase". Während des Flugs wurde die Nase der Concorde in die gerade Position gebracht, aber beim Rollen, Starten und Landen abgesenkt, sodass die Sicht besser war.

## WIE DIE CONCORDE DIE WELT VERÄNDERTE

Ihr ungewöhnliches Aussehen wurde durch ihre Leistung noch übertroffen, denn kein anderes Passagierflugzeug ist so schnell wie sie. 1986 flog eine Concorde in 30 Stunden 45.445 Kilometer um die Welt und 1996 brauchte sie nur 2 Stunden und 52 Minuten von New York nach London. Die astronomisch hohen Wartungskosten und ein schrecklicher Unfall im Juli 2000 (der einzige in all den Jahren), bei dem alle an Bord starben, zwangen die Concorde jedoch in den vorzeitigen Ruhestand. Heutzutage sind bei der Entwicklung von Flugzeugen Treibstoffkosten, Umweltverträglichkeit und die Passagierzahlen pro Flugzeug wichtiger als kurze Flugzeiten.

### SCHNELLER ALS EINE GEWEHRKUGEL

Die Concorde wurde für hohe und schnelle Flüge konzipiert. Schneller als die meisten Kampfflugzeuge jener Zeit. Und sogar schneller als eine Gewehrkugel! Mit einer Höchstgeschwindigkeit von 2179 Kilometern pro Stunde war sie zweimal schneller als der Schall. Die riesigen deltaförmigen Flügel sorgten für enormen Auftrieb und die spitze Nase sowie der schmale Rumpf verringerten den Luftwiderstand. Im Gegensatz zu herkömmlichen Passagierflugzeugen, die für einen Flug von London nach New York etwa 8 Stunden benötigen, konnte die Concorde die Strecke in nur 3 Stunden zurücklegen.

### DÜSENANTRIEB

Vier laute Turbostrahltriebwerke sorgten für den nötigen Schub, um die Concorde auf 18 Kilometer Flughöhe und doppelte Schallgeschwindigkeit zu bringen. Während des Starts nutzten sie Nachbrenner für mehr Schubkraft, die bei Erreichen der Reisegeschwindigkeit abgeschaltet wurden, um Treibstoff zu sparen. Die Concorde ist das einzige Passagierflugzeug mit Nachbrennern, das es bisher gab.

# LKW

## SCHWERTRANSPORTER

Lkws transportieren weltweit Güter aller Art und die größten werden in Amerika gebaut. Dieses verchromte Exemplar ist einer von 200.000 gebauten Peterbilt 379 und immer noch ein Favorit unter US-amerikanischen Truckern. Der erste lief vor über 30 Jahren vom Band. Dieser chromglänzende Truck springt an, erwacht ratternd und bebend mit markerschütterndem Brummen und dröhnenden Auspuffrohren zum Leben und rollt auf 18 gewaltigen Rädern los.

### ZAHLEN UND FAKTEN

- » **MODELL:** Peterbilt 379
- » **KLASSE:** Klasse 8 (am schwersten)
- » **TYP:** Langhauber
- » **HERSTELLER:** Peterbilt Motors Company, USA
- » **GEBAUT:** 1987–2007
- » **GEBAUTE EXEMPLARE:** 230.000 (80 % davon sind noch in Betrieb)
- » **AUFBAU:** 2-türiger Lkw mit 2-türiger Schlafkabine
- » **MOTORENHERSTELLER:** verschiedene, darunter Caterpillar, Cummins und Detroit Diesel
- » **MOTORTYP:** Turbodiesel (mit unterschiedlichen PS-Zahlen)
- » **HÖCHSTGESCHWINDIGKEIT:** ca. 140 km/h
- » **MAẞE:** Länge: 22 m; Breite: 2,6 m; Höhe: 4 m (Durchschnitt für US-Lkw)

### MOTOR

Dieser Lkw-Typ, bei dem sich der Motor vor der Fahrerkabine befindet, ist auf den Straßen der USA unterwegs und wird als „Truck“ oder Langhauber bezeichnet. Die in Europa gängigen Lkws, die keine lange Schnauze haben und bei denen die Fahrerkabine über dem Motor sitzt, nennt man Frontlenker.

### TRANSPORT MIT VERBRENNUNGSMOTOR

Schon früh war klar, dass ein motorbetriebenes Fahrzeug Lasten schneller und weiter transportieren kann als Pferde und Boote. Den ersten Lastkraftwagen (Lkw) erfand 1895 der deutsche Ingenieur Carl Benz. Andere Erfinder zogen nach, meist mit Benzinmotoren, die etwa 2 Tonnen Zugkraft hatten. Doch erst seit in den 1920er-Jahren die Motoren leistungsfähiger und zuverlässiger wurden, luftgefüllte Reifen die Vollgummireifen ablösten und Bremsen sowie Lenkung verbessert wurden, konnten Lkws mit Pferdefuhrwerken konkurrieren.

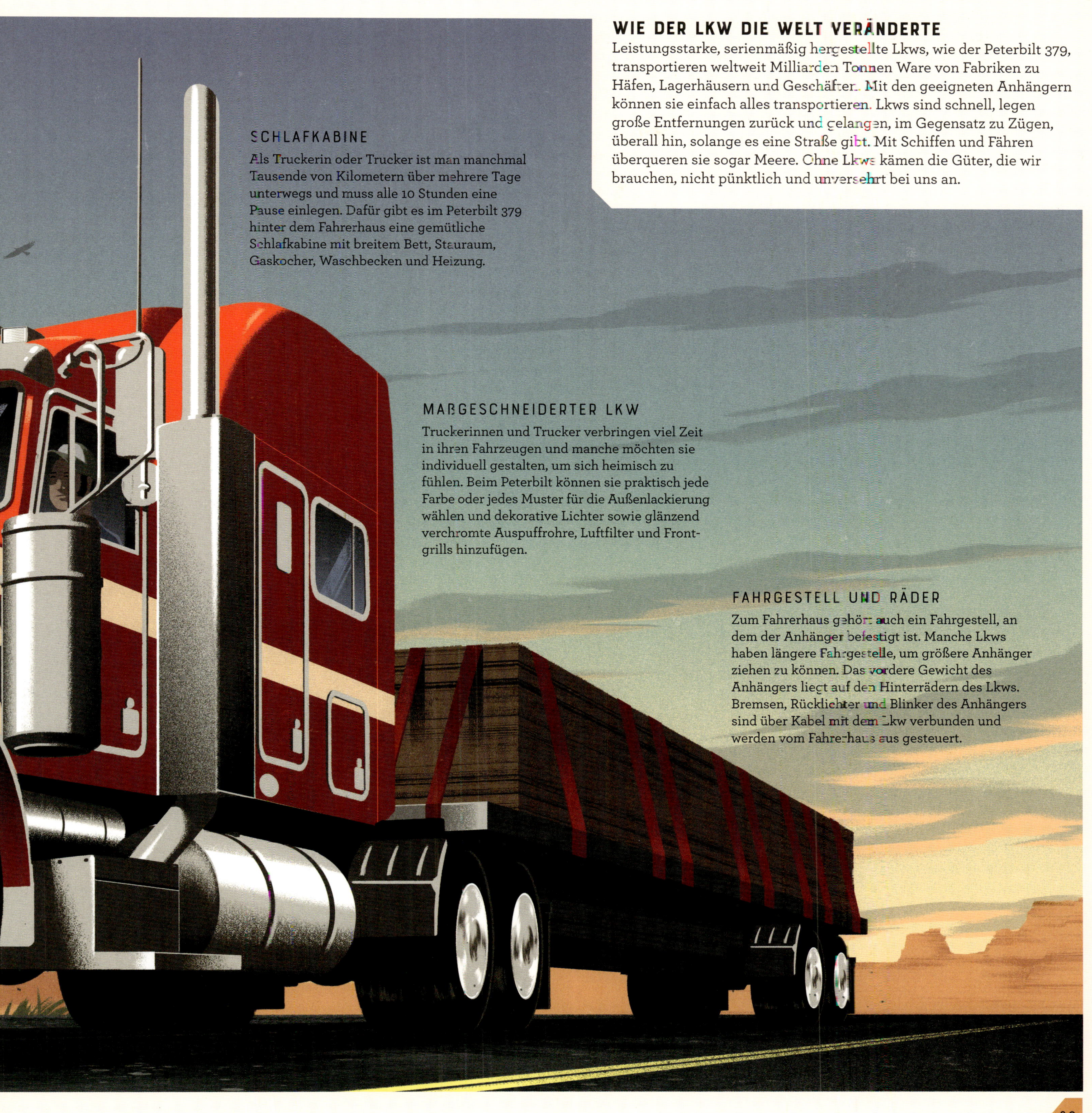

## WIE DER LKW DIE WELT VERÄNDERTE

Leistungsstarke, serienmäßig hergestellte Lkws, wie der Peterbilt 379, transportieren weltweit Milliarden Tonnen Ware von Fabriken zu Häfen, Lagerhäusern und Geschäften. Mit den geeigneten Anhängern können sie einfach alles transportieren. Lkws sind schnell, legen große Entfernungen zurück und gelangen, im Gegensatz zu Zügen, überall hin, solange es eine Straße gibt. Mit Schiffen und Fähren überqueren sie sogar Meere. Ohne Lkws kämen die Güter, die wir brauchen, nicht pünktlich und unversehrt bei uns an.

### SCHLAFKABINE

Als Truckerin oder Trucker ist man manchmal Tausende von Kilometern über mehrere Tage unterwegs und muss alle 10 Stunden eine Pause einlegen. Dafür gibt es im Peterbilt 379 hinter dem Fahrerhaus eine gemütliche Schlafkabine mit breitem Bett, Stauraum, Gaskocher, Waschbecken und Heizung.

### MAßGESCHNEIDERTER LKW

Truckerinnen und Trucker verbringen viel Zeit in ihren Fahrzeugen und manche möchten sie individuell gestalten, um sich heimisch zu fühlen. Beim Peterbilt können sie praktisch jede Farbe oder jedes Muster für die Außenlackierung wählen und dekorative Lichter sowie glänzend verchromte Auspuffrohre, Luftfilter und Frontgrills hinzufügen.

### FAHRGESTELL UND RÄDER

Zum Fahrerhaus gehört auch ein Fahrgestell, an dem der Anhänger befestigt ist. Manche Lkws haben längere Fahrgestelle, um größere Anhänger ziehen zu können. Das vordere Gewicht des Anhängers liegt auf den Hinterrädern des Lkws. Bremsen, Rücklichter und Blinker des Anhängers sind über Kabel mit dem Lkw verbunden und werden vom Fahrerhaus aus gesteuert.

# CONTAINERSCHIFF

## GIGANTEN DER MEERE

Die OOCL *Hong Kong* ist eines der größten Frachtschiffe der Welt und mit über 21.000 Containern beladen, wenn sie in einen Hafen einläuft. In der Senkrechten wären die Container fast 50 Meter höher als der Berliner Fernsehturm. Die Deckfläche der *Hong Kong* ist so groß wie vier Fußballfelder. Jedes Jahr befördern solche Schiffe insgesamt fast 2 Milliarden Tonnen Fracht in die ganze Welt und versorgen den Handel mit Kleidung, Büchern, Möbeln, Spielzeug, Elektrogeräten und vielem mehr.

### ZAHLEN UND FAKTEN

» **NAME:** OOCL *Hong Kong*

» **KLASSE:** Supergroßes Containerschiff der G-Klasse

» **ANZAHL SCHIFFE DER G-KLASSE:** 6

» **EIGNER:** Orient Overseas Container Line Ltd, Hong Kong

» **HERSTELLER:** Samsung Heavy Industries, Südkorea

» **ERSTE NUTZUNG:** Dezember 2016

» **BESATZUNG:** 20–30

» **ROUTE:** Asien nach Europa (Fahrtdauer 77 Tage)

» **LADEKAPAZITÄT:** 21.413 Container

» **ANTRIEB:** 107.400-PS-Wartsila-Sulzer RTA96-C Dieselmotor

» **HÖCHSTGESCHWINDIGKEIT:** 39 km/h

» **MAßE:** Länge: 400 m; Breite: 59 m; Tiefgang: 16 m

### AUFBAUTEN

Hier wohnt, isst und schläft die Besatzung in den Pausen. Jedes Crew-Mitglied hat eine eigene Kabine, gegessen wird gemeinsam im Speisesaal. Ganz oben ist die Brücke, hier wird das Schiff gesteuert.

OOCL

### SCHLEPPER

Große, schwere Schiffe wie die *Hong Kong* sind zu träge, um ohne Hilfe anzulegen oder den Hafen zu verlassen. Darum stoßen, schieben und ziehen Schlepper mit ihren leistungsstarken Motoren die Containerschiffe dorthin, wo sie hinmüssen.

### SCHRITT 1: ANKUNFT IM HAFEN

Die Reise eines Frachtcontainers beginnt, wenn er im Werk oder in der Produktionsstätte mit Waren (wie Lebensmittel oder Möbel) beladen und auf einen Güterzug oder Lkw verladen wird. Der Zug oder Lkw transportiert ihn dann zum Hafen.

### SCHRITT 2: WARTEN IM HAFEN

Im Hafen kommt der Container vom Zug oder Lkw in den Lagerhof. Die Container werden mit Greifstaplern gehoben, die ähnlich wie Gabelstapler funktionieren, oder mit Portalkränen, die sich auf Rädern oder Schienen bewegen. Computer halten fest, wo jeder einzelne Container abgestellt wurde.

## WIE DAS CONTAINERSCHIFF DIE WELT VERÄNDERTE

Bevor es Schiffscontainer und Containerschiffe gab, wurden die Waren in unterschiedlich große Kisten, Kartons oder Säcke verpackt und in den Laderäumen der Schiffe gestapelt, so gut es eben ging. Heute wird alles in identische Frachtcontainer verladen, die gestapelt werden und von Anfang bis Ende der Reise nachverfolgt werden können. Man kann per Mausklick etwas von der anderen Seite der Welt bestellen und erhält es dank Containerschiffen schneller und billiger als früher.

### CONTAINER

Schiffscontainer sind für den Transport per Lkw, Zug und Schiff ausgelegt. Also müssen sie nicht bei jeder Etappe ihrer Reise ausgepackt und neu beladen werden. Sie lassen sich wie Bauklötze stapeln und haben eine individuelle Nummer auf der Außenseite, die immer den Standort des Containers verrät, sogar den auf dem Schiff.

### GERADE SEITEN

Containerschiffe wie die *Hong Kong* haben gerade Seitenwände, um möglichst viele Container übereinander stapeln zu können.

### SCHRITT 3: TRANSPORT ZUM SCHIFF

Hat das Schiff sicher angedockt, wird der Container auf eine Terminalzugmaschine geladen und an den Kai neben dem Schiff gebracht. Terminal-Zugmaschinen werden von Menschen oder Computern bedient.

### SCHRITT 4: VERSCHIFFEN

Riesige Portalkräne nehmen die Container auf und platzieren sie computergesteuert im oder auf dem Schiff, um später möglichst viel Zeit zu sparen: Container, die zuerst entladen werden müssen, kommen nach oben, Container, die zuletzt entladen werden, kommen nach ganz unten.

### SCHRITT 5: REISE UND LIEFERUNG

Sind alle Container sicher verstaut, sticht das Schiff in See und setzt sie in den angegebenen Häfen ab. Das Löschen verläuft genau wie das Verschiffen, nur in umgekehrter Reihenfolge.

# SPACE SHUTTLE

## DAS WIEDERVERWENDBARE RAUMFLUGZEUG

Mit 2,5 Millionen Einzelteilen war das Space Shuttle eines der kompliziertesten und teuersten Fahrzeuge, das je entwickelt wurde. Im Gegensatz zur Saturn V-Rakete (Seite 84) sollte es nach dem Ende der Mission zur Erde zurückkehren und erneut eingesetzt werden. Es wurden fünf Shuttles gebaut – *Columbia, Challenger, Discovery, Atlantis* und *Endeavour* –, die in 30 Jahren zusammen 133 erfolgreiche Missionen absolvierten. Doch nicht immer ging alles gut: Zwei der Shuttles wurden bei Unfällen zerstört und ihre Besatzungen kamen ums Leben. Diese Tragödien erinnern bis heute an die Gefahren der Raumfahrt und an die Tapferkeit der Astronautinnen und Astronauten, die sich ihnen stellen.

### ZAHLEN UND FAKTEN

- NAME: *Discovery*
- BETREIBER: National Aeronautics and Space Administration (NASA), USA
- STATIONIERT: Kennedy Space Center, Florida, USA
- ORBITER GEBAUT VON: Boeing und Rockwell, USA
- EXTERNER TANK GEBAUT VON: Lockheed Martin und Martin Marietta, USA
- FESTSTOFFRAKETENBOOSTER GEBAUT VON: United Space Alliance, Thiokol und Alliant Techsystems, USA
- ANZAHL SHUTTLES DIESEN TYPS: 5 (plus nicht-orbitale Test Shuttle Enterprise)
- ERSTER START IM SHUTTLE-PROGRAMM: *Columbia*, 12. April 1981
- LETZTER START IM SHUTTLE-PROGRAMM: *Atlantis*, 8. Juli 2011
- BESATZUNG: 6–8
- ANTRIEB: 721.897 l flüssiger Wasserstoff und flüssiger Sauerstoff (im Außentank); 907.185 kg Ammoniumperchlorat-Verbundtreibstoff (APCP) (in den Feststoffraketen-Boostern)
- GESCHWINDIGKEIT IN DER UMLAUFBAHN: 28.000 km/h
- ORBIT-HÖHE: 186–644 km
- VON ALLEN SHUTTLES ZURÜCKGELEGTE STRECKE: 872.906.390 km
- ZEIT IM WELTRAUM (ALLE SHUTTLES): 1334 Tage, 1 Stunde, 36 Minuten und 44 Sekunden
- MASSE DES ORBITERS: Länge: 37 m; Flügelspannweite: 23,8 m; Höhe: 17,9 m

### MANNSCHAFTSRAUM

Dies war der einzige unter Druck stehende Teil des OVs. Die Astronautinnen und Astronauten schliefen, aßen und wuschen sich unter dem Flugdeck. Im unteren Deck befanden sich ihre Ausrüstung und die Toilette. Wer das Space Shuttle verlassen wollte, musste zunächst durch eine Luftschleuse – einen kleinen, luftdichten Raum, der es ermöglichte, sicher heraus- und wieder hereinzukommen.

### RAKETENSTART

Das Space Shuttle besteht aus mehreren Teilen: aus dem Orbitarfahrzeug (OV, hier zu sehen), einem externen Tank (ET) und zwei Hilfsraketen (SRBs). Vor dem Start wurden das OV und die SRBs am ET befestigt und dann zur Startrampe gefahren. Nachdem die Besatzung an Bord und alle Sicherheitschecks abgeschlossen waren, zündeten die drei RS-25-Triebwerke (vom ET betankt), gefolgt von den SRBs. Mit tosendem, feurigem Antrieb stieg das Shuttle daraufhin in die Lüfte. Nach 123 Sekunden lösten sich die SRBs, schwebten an Fallschirmen hinunter und landeten – erneut einsatzbereit – im Meer. Dann wurde der leere Tank abgesprengt und das OV erhielt einen letzten Schub, um in die niedrige Erdumlaufbahn (weniger als 1000 Kilometer Höhe) zu gelangen.

### IN DER SATELLITENUMLAUFBAHN

Einmal im Orbit, übernahm das OV zahlreiche Aufgaben. Es setzte Satelliten, Sonden und Teleskope im Weltraum aus, unterstützte beim Bau der Internationalen Raumstation *ISS* und führte mithilfe eines speziell gebauten Labors namens Spacelab Experimente durch. Die längste Mission absolvierte die *Columbia* im Jahr 1996, sie dauerte 17 Tage und 15 Stunden.

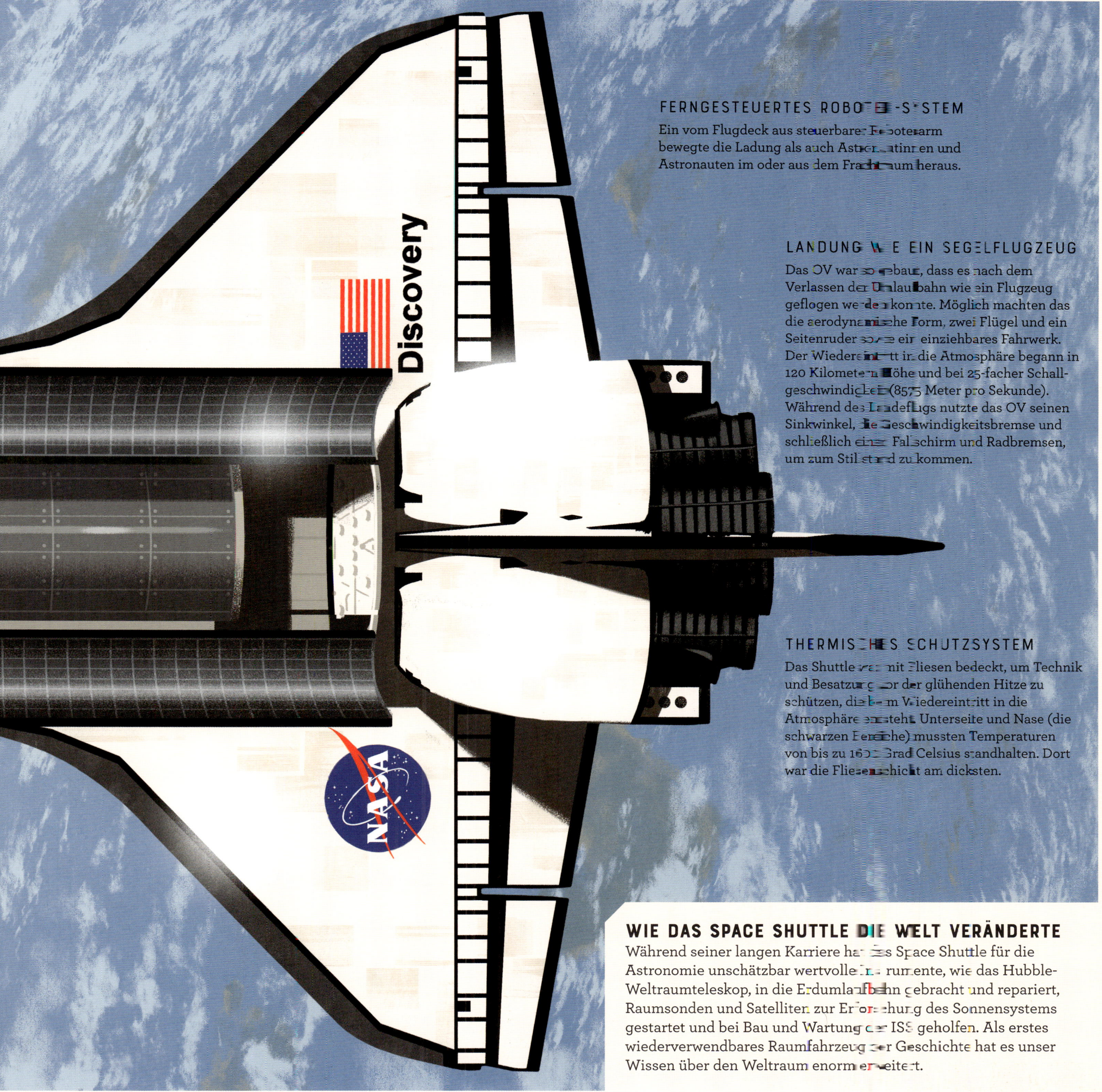


### FERNGESTEUERTES ROBOTER-SYSTEM

Ein vom Flugdeck aus steuerbarer Roboterarm bewegte die Ladung als auch Astronautinnen und Astronauten im oder aus dem Frachtraum heraus.

### LANDUNG WIE EIN SEGELFLUGZEUG

Das OV war so gebaut, dass es nach dem Verlassen der Umlaufbahn wie ein Flugzeug geflogen werden konnte. Möglich machten das die aerodynamische Form, zwei Flügel und ein Seitenruder sowie ein einziehbares Fahrwerk. Der Wiedereintritt in die Atmosphäre begann in 120 Kilometern Höhe und bei 25-facher Schallgeschwindigkeit (8575 Meter pro Sekunde). Während des Landeflugs nutzte das OV seinen Sinkwinkel, die Geschwindigkeitsbremse und schließlich einen Fallschirm und Radbremsen, um zum Stillstand zu kommen.

### THERMISCHES SCHUTZSYSTEM

Das Shuttle war mit Fliesen bedeckt, um Technik und Besatzung vor der glühenden Hitze zu schützen, die beim Wiedereintritt in die Atmosphäre entsteht. Unterseite und Nase (die schwarzen Bereiche) mussten Temperaturen von bis zu 1650 Grad Celsius standhalten. Dort war die Fliesenschicht am dicksten.

## WIE DAS SPACE SHUTTLE DIE WELT VERÄNDERTE

Während seiner langen Karriere hat das Space Shuttle für die Astronomie unschätzbar wertvolle Instrumente, wie das Hubble-Weltraumteleskop, in die Erdumlaufbahn gebracht und repariert, Raumsonden und Satelliten zur Erforschung des Sonnensystems gestartet und bei Bau und Wartung der ISS geholfen. Als erstes wiederverwendbares Raumfahrzeug der Geschichte hat es unser Wissen über den Weltraum enorm erweitert.

# SMART

## GRÜNE MOTORISIERUNG

Seit seiner Erfindung vor über 100 Jahren verschafft uns das Automobil (Seite 36) die Freiheit, weite Strecken zurückzulegen, ohne auf öffentliche Verkehrsmittel angewiesen zu sein. Doch Milliarden von Autos, die fossile Brennstoffe verbrauchen und Straßen verstopfen, haben verheerende Auswirkungen auf die Umwelt. Im Durchschnitt stößt ein Auto über 4,5 Tonnen schädliches CO2-Gas pro Jahr in die Atmosphäre aus – eine der Hauptursachen für globale Erwärmung, Allergien und Krankheiten. Deshalb tüfteln viele Unternehmen an Autos, die umweltfreundlicher sind – wie der kleine Smart.

### KLEIN UND WENDIG IN DER STADT

Städte und Orte, die vor Jahrhunderten gebaut wurden, sind mit ihren engen Straßen und Kurven nicht für große Autos ausgelegt. Autos produzieren Abgase und Lärm und blockieren Straßen, egal, ob sie parken oder fahren. Der Smart wurde entwickelt, um diesen Problemen entgegenzutreten: Er ist gerade mal so lang, wie die meisten Autos breit sind, deshalb kann er mit der Nase zum Bürgersteig geparkt werden und braucht nicht so viel Platz; er flitzt mühelos durch enge Straßen und, weil er leicht ist und einen sparsamen Motor hat, produziert er auch nicht so viel Schadstoffe.

### ZAHLEN UND FAKTEN

» **NAME:** Smart Fortwo
» **TYP:** Kleinstwagen
» **HERSTELLER:** Daimler AG, Deutschland
» **GEBAUT:** 1998 bis heute
» **GEBAUTE EXEMPLARE:** über 2 Millionen
» **FAHRGÄSTE:** 2 (einschließlich Fahrerin/Fahrer)
» **ANTRIEB:** 89-PS-3-Zylinder-Turbomotor
» **HÖCHSTGESCHWINDIGKEIT:** 145 km/h
» **VERBRAUCH:** 5 l/100 km
» **MAẞE:** Länge: 2,7 m; Breite: 1,7 m; Höhe: 1,6 m

## KOMPAKT, ABER KOMFORTABEL

Obwohl Smarts viel kleiner sind als gewöhnliche Autos, wurden sie so konzipiert, dass die Insassen es so komfortabel und geräumig wie möglich haben. Das Dach ist hoch genug, um aufrecht sitzen zu können, und der Beifahrersitz befindet sich etwas weiter hinten als der Fahrersitz und bietet so größtmögliche Beinfreiheit.

## WIE DER SMART DIE WELT VERÄNDERTE

Smarts und E-Autos verändern unsere Welt zum Besseren – und das wird hoffentlich so bleiben. Wir wollen und müssen die Antriebsart unserer Autos verändern und mit umweltfreundlichen Fahrzeugen unsere Abhängigkeit von Benzin und Diesel verringern. Einige Länder haben angekündigt, die Produktion von Autos, die mit schädlichen, fossilen Brennstoffen betrieben werden, zugunsten von E-Autos wie dem Smart EQ einzustellen. Solch entschlossene Maßnahmen sind notwendig, wenn wir unseren kostbaren Planeten retten wollen.

## ELEKTROAUTOS

Inzwischen gibt es viele Autos mit Elektromotoren: Smart EQ, Renault Zoe, Tesla Model S, Audi e-tron, Jaguar I-Pace, Porsche Taycan. Ihre Batterien werden an öffentlichen Ladestationen oder daheim aufgeladen. E-Autos stoßen keine schädlichen Emissionen aus, sind viel leiser als kraftstoffbetriebene Fahrzeuge und können mehrere Hundert Kilometer weit fahren. Wenn der Strom, der zum Aufladen gebraucht wird, umweltfreundlich gewonnen wird, ist das natürlich noch viel besser.

## SELBSTFAHRENDE AUTOS

Es gibt noch ganz andere „smarte" Fahrzeuge – nämlich computergesteuerte Autos, die ohne Menschen auskommen. Selbstfahrende Autos sehen wie normale Autos aus, sind aber mit Sensoren ausgestattet, mit denen sie Hindernisse auf der Straße (wie in der Nähe befindliche Fahrzeuge) erkennen und sogar Straßenschilder lesen können. Obwohl selbstfahrende Autos noch nicht ausgereift sind und es Bedenken wegen ihrer Sicherheit gibt, werden sie wahrscheinlich mit fortschreitender Technologie in Zukunft immer häufiger eingesetzt.

# MÜLLFAHRZEUG

## MÜLLABFUHR UND STRAẞENREINIGUNG

Die Beseitigung von Abfällen ist seit jeher eine wichtige Aufgabe. Säcke mit Essensresten und anderen Dingen riechen meist übel, sehen schrecklich aus, sind uns im Weg und ziehen Fliegen, Mäuse und Ratten an. Da die Weltbevölkerung ständig wächst und die Menschen weiterhin Sachen wegwerfen, produzieren wir heute mehr Müll als je zuvor – und der wird von Flotten robuster Müllwagen eingesammelt und zu Mülldeponien oder Wertstoffhöfen gebracht.

### DIE ERSTEN MÜLLWAGEN

Vor der Erfindung des Verbrennungsmotors, Ende des 19. Jahrhunderts, wurde der Müll mit Pferdefuhrwerken aus Häusern, Dörfern und Städten abtransportiert. Es sei denn, die Leute warfen ihn einfach irgendwohin, verbrannten oder vergruben ihn. Die ersten motorisierten Müllfahrzeuge tauchten 1897 auf Londons Straßen auf. Der Thornycroft Steam Dust Cart hatte vier Räder, vorne eine Fahrerkabine und hinten einen offenen Kippanhänger, der 1 Tonne Abfall transportieren konnte. In den 1920er-Jahren gab es dann Müllwagen mit geschlossenen Anhängern auf der ganzen Welt.

### ZAHLEN UND FAKTEN

- » **WEITERE NAMEN:** Kehrichtwagen, Müllwagen, Müllsammelfahrzeug
- » **ABGEBILDETES MODELL:** Mercedes Benz „Econic“
- » **TYP:** Hecklader
- » **GEBAUT:** 1998 bis heute
- » **MOTOR:** OM 936 LA
- » **GETRIEBE:** 6-Gang-Automatik
- » **MAẞE:** 10,6 m; Breite: 2,5 m; Höhe: 3,6 m; Gewicht: 26 t

### ARBEITSERSPARNIS

Obwohl die Müllabfuhr durch motorisierte Lastwagen mit Kippanhängern effizienter wurde, blieb das Heben und Leeren der Tonnen von Hand harte Arbeit. Die Lösung hierfür erfand 1937 der Amerikaner George Dempster mit dem Dempster-Dumpster-System. Hier hebt eine hydraulische Vorrichtung große, rollende Mülltonnen (englisch: „dumpster") automatisch an und leert sie in den Anhänger, was viel Zeit und Rückenschmerzen erspart. Die meisten modernen Müllwagen haben ähnliche Systeme.

### POWER-ZERMALMER

Je mehr Müll in einen Lkw passt und in einer Abholtour entsorgt werden kann, desto besser. Hierfür ist es am besten, den Müll so stark wie möglich zu zerkleinern und zusammenzupressen. 1938 wurde der Garwood Load Packer erfunden, ein Lkw mit einem eingebauten hydraulisch betriebenen Verdichtungssystem. Dadurch wurde die Müllabfuhr billiger und effizienter und seit den 1970er-Jahren gehören Müllverdichter zur Standardausrüstung von Müllwagen.

### MÜLLWAGEN-TYPEN

Es gibt verschiedene Arten von Müllwagen. Hecklader (wie im Bild) kippen Mülltonnen mit hydraulischen Hebevorrichtungen in das Fahrzeug. Frontlader heben mit langen Hydraulikarmen große Müllcontainer über die Fahrerkabine in den Sammelcontainer, wo der Inhalt zerkleinert wird. Seitenlader ähneln den Heckladern, mit dem Unterschied, dass sich die Öffnung an der Seite, direkt neben dem Fahrerhaus, befindet. Auf Recycling-Lkws sind getrennte Behälter für verschiedene Materialien (wie Glas, Kunststoff, Pappe und Papier), die zum Recyceln zum Wertstoffhof gebracht werden. Abrollkipper rollen Container über eine Rampe herunter und holen sie wieder ab, wenn sie voll sind.

## WIE DAS MÜLLFAHRZEUG DIE WELT VERÄNDERTE

So wäre die Welt ohne Müllabfuhr: überquellende Mülltonnen, Berge von Müllsäcken, wertvolle wiederverwertbare Materialien, die im Abfall landen, Fäulnis- und Schimmelgerüche, zappelnde Maden, surrende Fliegen und unzählige Ratten. Keime und Krankheiten würden sich ausbreiten und vielleicht den Tod über die Menschheit bringen. Indem sie Straßen und Städte sauber und frei von Ungeziefer halten, verhindern Müllautos und ihre Besatzung eine solche Katastrophe.

# TRANSRAPID SHANGHAI

## DAS MAGNETISCHE WUNDERWERK

Die Shanghaier Magnetschwebebahn ist ein Wunderwerk modernster Technik und verkehrt auf einer 30 Kilometer langen Trasse zwischen zwei Stationen in China. Auf dieser kurzen Strecke erreicht sie rekordverdächtige Geschwindigkeiten, dabei ist die Fahrt für die Fahrgäste sanfter und ruhiger als bei allen anderen motorisierten Fahrzeugen zu Lande.

### SCHNELL UND REIBUNGSLOS

Bei Höchstgeschwindigkeit zieht die Welt wie in einem Rausch an den Fenstern der Magnetschwebebahn vorbei: Gebäude, Brücken und Flüsse lagen eben noch vor einem, sind kurz auf gleicher Höhe und dann plötzlich außer Sicht. Und doch spürt man keinerlei Erschütterung, wenn man bequem zurückgelehnt die Geschwindigkeitsanzeige betrachtet. Die Magnetschwebebahn klappert oder vibriert nicht – sie fährt wundersam ruhig, obwohl sie schneller ist als jeder andere Zug der Welt.

### FAHRERLOS

In der Magnetschwebebahn sitzt niemand vorne, um sie zu steuern – die Fahrgäste sind die einzigen, die sich während der Fahrt an Bord befinden. Deshalb gibt es auch keine Geschwindigkeitssignale oder Schilder entlang der Strecke. Die Züge werden von einer Leitstelle aus mit einem automatischen Zugbetriebssystem gesteuert. Im Notfall löst ein selbsttätiges Zugsicherungssystem die Notbremse aus und bringt die Magnetschwebebahn zum Halten.

### ZAHLEN UND FAKTEN

- **WEITERER NAME:** Shanghai Maglev (Maglev, von englisch: „magnetic levitation“)
- **HERSTELLER:** Siemens und ThyssenKrupp, Deutschland
- **BETREIBER:** Shanghai Maglev Transportation Development, China
- **ERÖFFNUNG DER STRECKE:** 2004
- **LÄNGE DER STRECKE:** 30,5 km
- **HALTESTELLEN:** 2 (Internationaler Flughafen Shanghai Pudong und Bahnhof Longyang Road)
- **BESATZUNG:** 0
- **FAHRGÄSTE:** 574
- **HÖCHSTGESCHWINDIGKEIT:** 431 km/h
- **FAHRZEIT:** 8 min
- **MAẞE:** Länge: 153 m; Breite: 3,7 m; Höhe: 4,2 m

## SCHWEBEBAHN

Die Magnetschwebebahn gilt als Landfahrzeug, obwohl sie den Boden eigentlich nicht berührt. Das elektromagnetische Schwebesystem (EMS) hebt den ganzen Zug 1,5 Zentimeter hoch, sodass er auf der Luft über der Schiene gleitet. Anders als bei Zügen, deren Räder direkt auf Schienen rollen, gibt es bei der Magnetschwebebahn keinerlei Reibung, die die Fahrt verlangsamt oder Rütteln und Vibrationen verursacht.

## MAGNETISCH SCHWEBEN

An Zug und Schiene (der sogenannten „Fahrspur“) sind Elektromagneten angebracht, die die Magnetschwebebahn anheben, antreiben und um Kurven führen. Die Magneten erzeugen Magnetfelder, die sich gegenseitig abstoßen oder anziehen und bewirken, dass der Zug schwebt, beschleunigt und bremst. Durch seitliche Führungsmagnete bleibt der Zug in der Mitte der Führungsschiene.

## HOCHGESCHWINDIGKEIT IN GROSSER HÖHE

Zwischen Shanghai und dem Flughafen gibt es viele Hochhäuser, Geschäfte, Fabriken, Autobahnen, Eisenbahnstrecken und Wasserwege. Damit die Züge darüber hinwegfahren können, musste die Trasse für die Magnetschwebebahn ausreichend hoch sein. Die Fahrbahn besteht aus Stahl und extra starkem Beton und wird von Tausenden von Betonpfeilern getragen.

## WIE DER TRANSRAPID SHANGHAI DIE WELT VERÄNDERTE

Obwohl sie pro Fahrt nur wenige Minuten rekordverdächtig schnell fährt, ist die Magnetschwebebahn in Shanghai außergewöhnlich. Denn seit Eröffnung der Strecke im Jahr 2004 zeigt sie, wie schnell, sicher und leistungsstark Fahrzeuge mit elektromagnetischem Antrieb sind. In Japan hat eine experimentelle Magnetschwebebahn mit 603 Kilometern pro Stunde einen Geschwindigkeitsrekord für Schienenfahrzeuge aufgestellt und damit bewiesen, dass die Zukunft mit Hochgeschwindigkeit auf uns zurast.

# ELEKTROFAHRRAD

## PEDALE MIT KRAFTUNTERSTÜTZUNG

Mit dem einfachen Fahrrad (siehe Hochrad, Seite 30) wurde es für viele Menschen möglich, ohne Pferd oder Motor die Welt zu erkunden, zur Arbeit zu fahren und Spaß zu haben. Die Reichweite hängt allerdings davon ab, wer auf dem Sattel sitzt und wie lange sie oder er in die Pedale treten kann. Mit dem Elektrofahrrad kommt man jedoch weiter und schneller voran und kann auch besser Steigungen bewältigen, weil der Antrieb der Räder unterstützt wird.

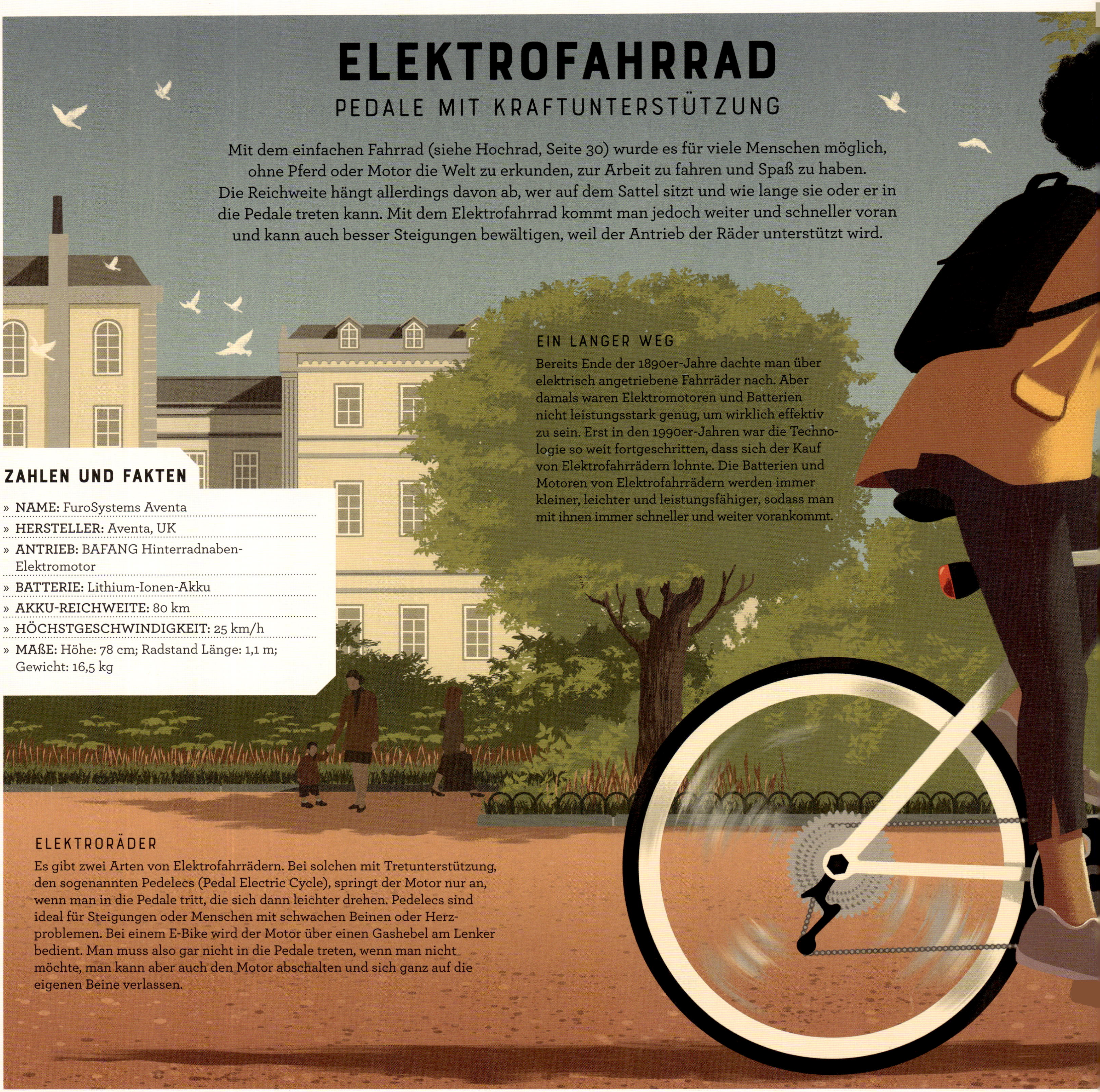

### EIN LANGER WEG

Bereits Ende der 1890er-Jahre dachte man über elektrisch angetriebene Fahrräder nach. Aber damals waren Elektromotoren und Batterien nicht leistungsstark genug, um wirklich effektiv zu sein. Erst in den 1990er-Jahren war die Technologie so weit fortgeschritten, dass sich der Kauf von Elektrofahrrädern lohnte. Die Batterien und Motoren von Elektrofahrrädern werden immer kleiner, leichter und leistungsfähiger, sodass man mit ihnen immer schneller und weiter vorankommt.

### ZAHLEN UND FAKTEN

- » **NAME:** FuroSystems Aventa
- » **HERSTELLER:** Aventa, UK
- » **ANTRIEB:** BAFANG Hinterradnaben-Elektromotor
- » **BATTERIE:** Lithium-Ionen-Akku
- » **AKKU-REICHWEITE:** 80 km
- » **HÖCHSTGESCHWINDIGKEIT:** 25 km/h
- » **MAẞE:** Höhe: 78 cm; Radstand Länge: 1,1 m; Gewicht: 16,5 kg

### ELEKTRORÄDER

Es gibt zwei Arten von Elektrofahrrädern. Bei solchen mit Tretunterstützung, den sogenannten Pedelecs (Pedal Electric Cycle), springt der Motor nur an, wenn man in die Pedale tritt, die sich dann leichter drehen. Pedelecs sind ideal für Steigungen oder Menschen mit schwachen Beinen oder Herzproblemen. Bei einem E-Bike wird der Motor über einen Gashebel am Lenker bedient. Man muss also gar nicht in die Pedale treten, wenn man nicht möchte, man kann aber auch den Motor abschalten und sich ganz auf die eigenen Beine verlassen.

## WIE DAS ELEKTROFAHRRAD DIE WELT VERÄNDERTE

Seit wiederaufladbare Batterien und Elektromotoren derart klein, leicht und leistungsstark sind, werden E-Bikes weltweit immer beliebter. Mit ihnen sind lange Strecken und Steigungen leichter zu bewältigen und sie ermöglichen Menschen aller Altersgruppen und Fitnessstufen, Erkundungstouren zu unternehmen und dabei ihre Gesundheit zu verbessern. Und verglichen mit Autos und Motorrädern verursachen sie nicht so viele schädliche Emissionen.

### UMWELTFREUNDLICH

Inzwischen ist hinlänglich bekannt, wie schädlich fossile Brennstoffe sind, mit denen Autos, Lkws und Motorräder betrieben werden. Ihre Abgase heizen den Planeten auf und schaden unserer Gesundheit beim Einatmen. E-Bikes produzieren weniger Emissionen und haben wiederaufladbare Batterien. Und wenn der Strom, der zum Aufladen verwendet wird, mit umweltfreundlicher Technologie wie Solar- oder Windenergie erzeugt wird, ist ihr $CO_2$-Ausstoß noch geringer.

### BELIEBTE PEDALE

In den letzten 30 Jahren sind E-Bikes weltweit immer beliebter geworden. In einigen Ländern gibt es sogar Ladestationen für E-Bikes am Straßenrand. 2007 wurden in Europa 200.000 E-Bikes verkauft, 2009 waren es 500.000 und 2019 stieg die Zahl erneut, auf sage und schreibe 3 Millionen. In China ist die Begeisterung für Elektrofahrräder noch größer: Allein im Jahr 2020 wurden 16 Millionen verkauft und derzeit sind rund 270 Millionen auf den Straßen unterwegs.

# MARS-ROVER

## NEUGIERIGER PLANETENERKUNDER

Nach einer viele Millionen Kilometer langen Reise durch den Weltraum landete diese clevere Maschine am 6. August 2012 auf dem Mars und begann dort ihre Mission: Informationen über ihre Umgebung zu sammeln. Der Mars-Rover *Curiosity* erforschte mit seinen Sensoren die Marsoberfläche, sammelte Proben, führte Experimente durch, machte Fotos und Videos und sendete sein Wissen zur Erde – ganz allein in der unwirtlichen Umgebung des roten Planeten.

### COMPUTERLEISTUNG

*Curiosity* hat zwei Hauptcomputer, für den Fall, dass einer versagt. Der Hauptcomputer überwacht und steuert die vielen Systeme von *Curiosity* und verfolgt seine genaue Position.

### WIE SICH DER ROVER BEWEGT

*Curiosity* hat 50 Zentimeter breite Aluminiumräder an seinen sechs Beinen. Jedes Rad wird von einem eigenen Motor angetrieben. Die vier Räder an Vorder- und Rückseite haben außerdem eigene Lenkmotoren, um Kurven zu fahren oder auf der Stelle zu drehen. Das Fahrgestell sitzt auf einem Rocker-Bogie-System – ein spezielles Federungssystem für Mars-Rover, mit dem sie große Unebenheiten im felsigen Boden ausgleichen können. Automatische Sensoren sorgen dafür, dass sie bei felsigem Gelände nicht umkippen.

### WIE *CURIOSITY* KOMMUNIZIERT

Alle Informationen, die *Curiosity* auf dem Mars sammelt, funkt er zur Erde, seine Befehle erhält er von der NASA. Dazu befinden sich drei Antennen auf seinem Rücken. Der Rover sendet die Daten zuerst zu einem der Satelliten, die den Mars umkreisen, und der überträgt sie zur Erde. Ein Signal braucht 14 Minuten vom Mars bis zur Erde.

### TEMPERATURKONTROLLE

Eine Isolierschicht, Heizungen und durch Rohre gepumpte Flüssigkeit halten die Temperatur des Rovers konstant – selbst wenn es bis zu -127 Grad Celsius kalt wird.

### ZAHLEN UND FAKTEN

- **NAME:** *Curiosity*
- **MISSION:** Mars Science Laboratory (MSL)
- **PLANUNG:** National Aeronautics and Space Administration (NASA), USA
- **HERSTELLER:** JPL, Boeing und Lockheed Martin, USA
- **ERSTE NUTZUNG:** 26. November 2011
- **LANDUNG:** 6. August 2012
- **LANDEPLATZ:** Gale Krater, Mars
- **ANTRIEB:** Radioisotopen-Generator
- **HÖCHSTGESCHWINDIGKEIT:** 4 cm/s
- **MAẞE:** Länge: 2,9 m; Breite: 2,7 m; Höhe: 2,2 m

## ENERGIEVERSORGUNG

*Curiosity* muss seinen Strom selbst erzeugen. Als Energiequelle dient Atomenergie, genauer gesagt ein Radioisotopen-Generator, der auf dem Mars erzeugte radioaktive Substanzen in elektrische Energie umwandelt. Dadurch ist der Rover für mindestens ein Marsjahr – 687 Erdtage – mit einer konstanten Energiequelle versorgt.

## LASER, BOHRER UND BÜRSTE

Um Gesteinsproben zu entnehmen, hat *Curiosity* einen Bohrer und kann einen Infrarotlaser abfeuern. Sein Roboterarm transportiert die Proben ins Innere, wo sie analysiert werden. Mit einer Bürste kann er Staub von der Planetenoberfläche entfernen, um an darunterliegende Schichten zu gelangen.

## ROBOTERARM

*Curiosity* besitzt einen langen Roboterarm mit drei Gelenken – wie Schulter-, Ellbogen- und Handgelenk – und mit mehreren Werkzeugen, um Gestein zu untersuchen.

## GAB ES LEBEN AUF DEM MARS?

*Curiosity* hat bei der Untersuchung der Gesteine und der Atmosphäre herausgefunden, dass es früher wärmer war und es fließendes Wasser und heiße Quellen gab. Das könnte bedeuten, dass es dort primitive Lebensformen wie Mikroben gegeben hat.

## WIE DER MARS-ROVER DIE WELT VERÄNDERTE

Noch dauern die Flüge zum Mars für Astronauten zu lang, weshalb wir auf Mars-Rover angewiesen sind, um den Planeten zu erforschen. Je mehr wir erfahren, desto größer ist die Chance, dass wir irgendwann den jahrelangen Flug zum Mars überstehen können. Der Mars-Rover verändert also nicht nur unsere Welt, sondern ermöglicht uns vielleicht eines Tages auch, auf einem anderen Planeten zu leben. Im Februar 2021 landete mit dem Rover *Perseverance* ein neues Fahrzeug auf dem Mars, um nach Spuren von Leben zu suchen und um Tonaufnahmen vom Mars zur Erde zu schicken.

# SOLARFLUGZEUG

## FLIEGEN MIT DER KRAFT DER SONNE

Aus der Ferne sieht die *Solar Impulse 2* etwas altmodisch aus: Sie hat unglaublich lange Flügel, die oben am Rumpf montiert sind, vier Propeller und sie fliegt sehr langsam. Doch in Wirklichkeit ist sie ein fliegendes Labor voller neuer Technologien und ultramodern. Ihr Ziel ist es, Menschen auf der ganzen Welt für saubere Energie zu begeistern.

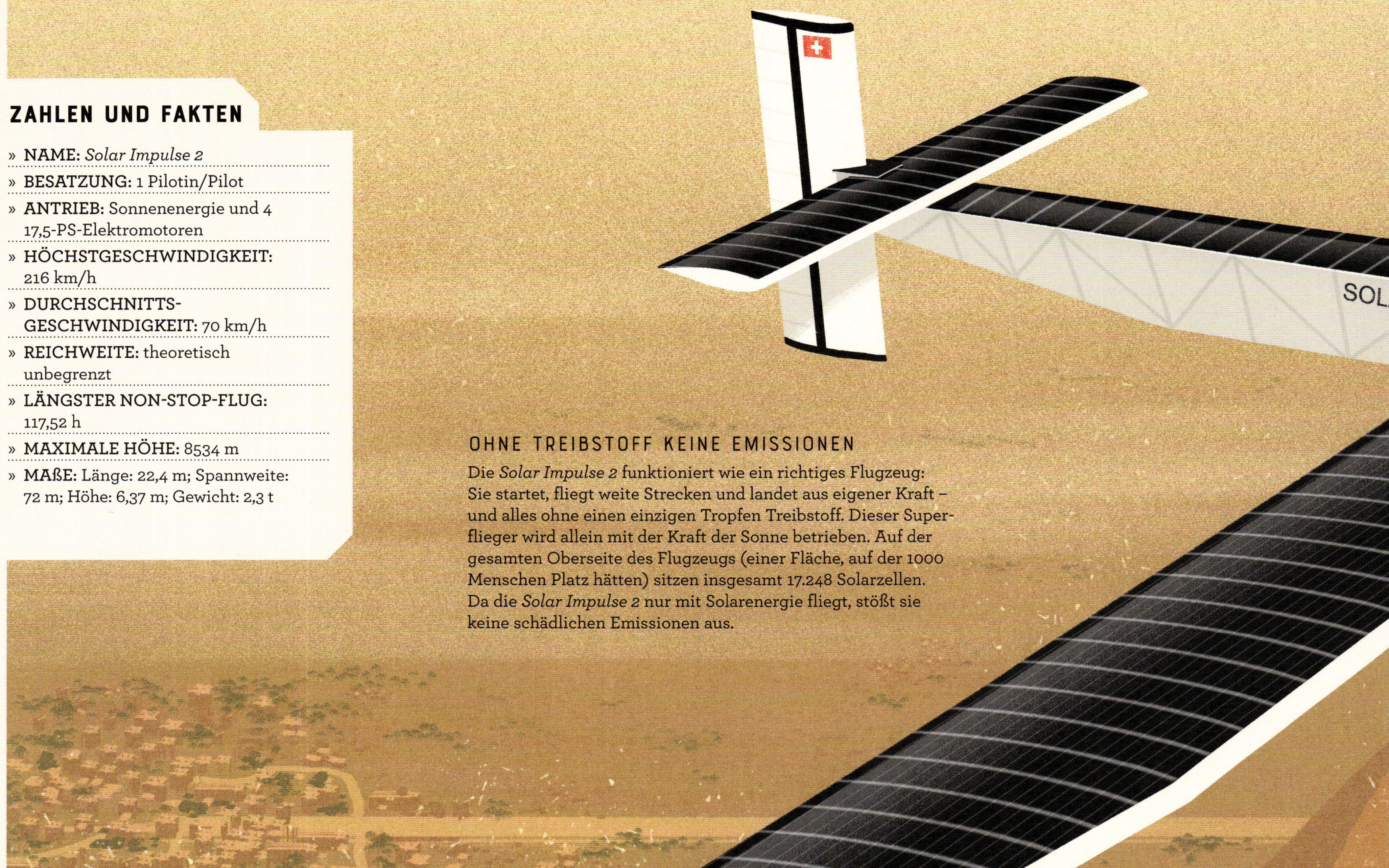

### ZAHLEN UND FAKTEN

- **NAME:** *Solar Impulse 2*
- **BESATZUNG:** 1 Pilotin/Pilot
- **ANTRIEB:** Sonnenenergie und 4 17,5-PS-Elektromotoren
- **HÖCHSTGESCHWINDIGKEIT:** 216 km/h
- **DURCHSCHNITTS-GESCHWINDIGKEIT:** 70 km/h
- **REICHWEITE:** theoretisch unbegrenzt
- **LÄNGSTER NON-STOP-FLUG:** 117,52 h
- **MAXIMALE HÖHE:** 8534 m
- **MAẞE:** Länge: 22,4 m; Spannweite: 72 m; Höhe: 6,37 m; Gewicht: 2,3 t

### OHNE TREIBSTOFF KEINE EMISSIONEN

Die *Solar Impulse 2* funktioniert wie ein richtiges Flugzeug: Sie startet, fliegt weite Strecken und landet aus eigener Kraft – und alles ohne einen einzigen Tropfen Treibstoff. Dieser Superflieger wird allein mit der Kraft der Sonne betrieben. Auf der gesamten Oberseite des Flugzeugs (einer Fläche, auf der 1000 Menschen Platz hätten) sitzen insgesamt 17.248 Solarzellen. Da die *Solar Impulse 2* nur mit Solarenergie fliegt, stößt sie keine schädlichen Emissionen aus.

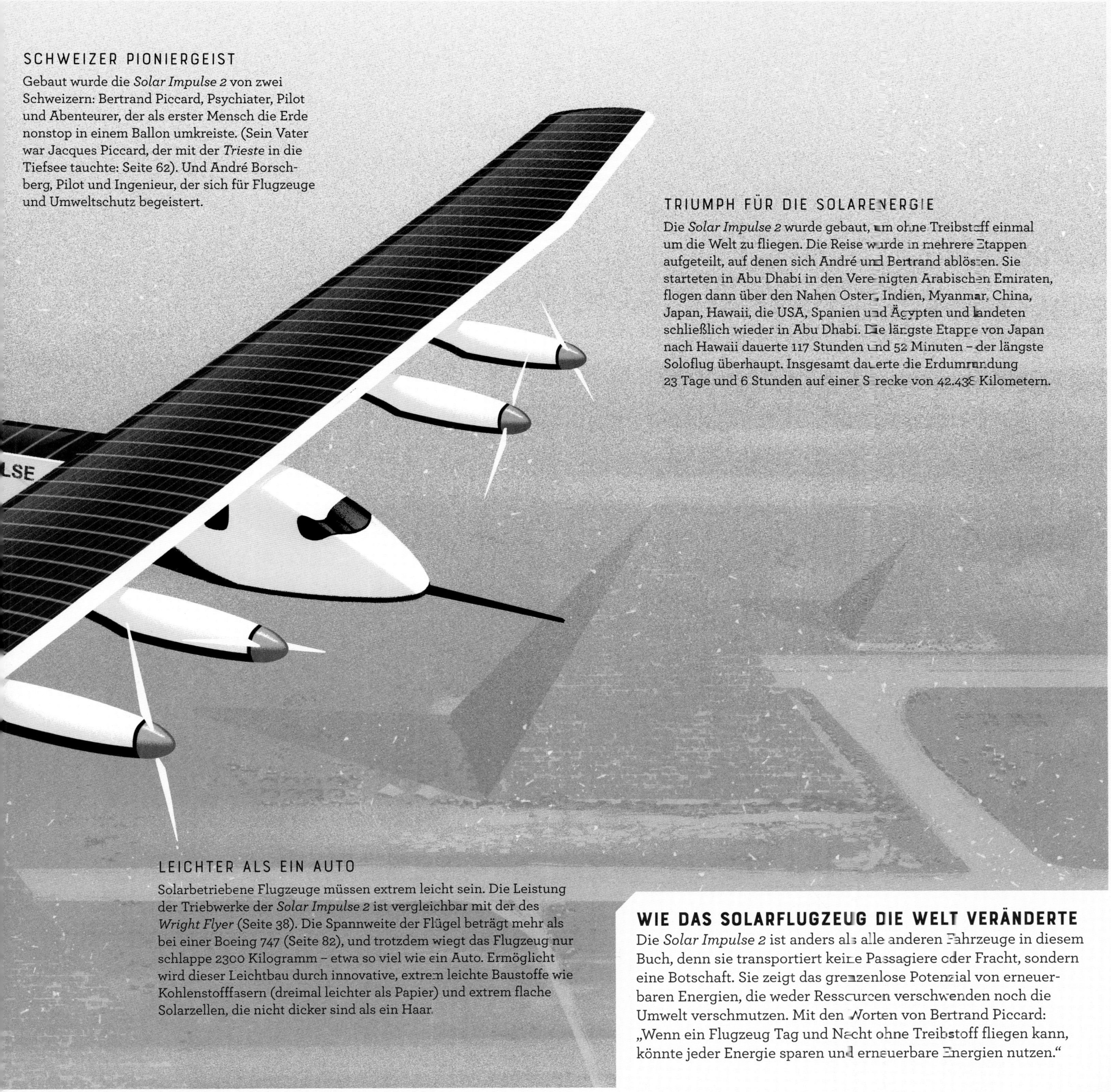

### SCHWEIZER PIONIERGEIST

Gebaut wurde die *Solar Impulse 2* von zwei Schweizern: Bertrand Piccard, Psychiater, Pilot und Abenteurer, der als erster Mensch die Erde nonstop in einem Ballon umkreiste. (Sein Vater war Jacques Piccard, der mit der *Trieste* in die Tiefsee tauchte: Seite 62). Und André Borschberg, Pilot und Ingenieur, der sich für Flugzeuge und Umweltschutz begeistert.

### TRIUMPH FÜR DIE SOLARENERGIE

Die *Solar Impulse 2* wurde gebaut, um ohne Treibstoff einmal um die Welt zu fliegen. Die Reise wurde in mehrere Etappen aufgeteilt, auf denen sich André und Bertrand ablösten. Sie starteten in Abu Dhabi in den Vereinigten Arabischen Emiraten, flogen dann über den Nahen Osten, Indien, Myanmar, China, Japan, Hawaii, die USA, Spanien und Ägypten und landeten schließlich wieder in Abu Dhabi. Die längste Etappe von Japan nach Hawaii dauerte 117 Stunden und 52 Minuten – der längste Soloflug überhaupt. Insgesamt dauerte die Erdumrundung 23 Tage und 6 Stunden auf einer Strecke von 42.438 Kilometern.

### LEICHTER ALS EIN AUTO

Solarbetriebene Flugzeuge müssen extrem leicht sein. Die Leistung der Triebwerke der *Solar Impulse 2* ist vergleichbar mit der des *Wright Flyer* (Seite 38). Die Spannweite der Flügel beträgt mehr als bei einer Boeing 747 (Seite 82), und trotzdem wiegt das Flugzeug nur schlappe 2300 Kilogramm – etwa so viel wie ein Auto. Ermöglicht wird dieser Leichtbau durch innovative, extrem leichte Baustoffe wie Kohlenstofffasern (dreimal leichter als Papier) und extrem flache Solarzellen, die nicht dicker sind als ein Haar.

## WIE DAS SOLARFLUGZEUG DIE WELT VERÄNDERTE

Die *Solar Impulse 2* ist anders als alle anderen Fahrzeuge in diesem Buch, denn sie transportiert keine Passagiere oder Fracht, sondern eine Botschaft. Sie zeigt das grenzenlose Potenzial von erneuerbaren Energien, die weder Ressourcen verschwenden noch die Umwelt verschmutzen. Mit den Worten von Bertrand Piccard: „Wenn ein Flugzeug Tag und Nacht ohne Treibstoff fliegen kann, könnte jeder Energie sparen und erneuerbare Energien nutzen.“

# DAS ENDE DER REISE

Mit den Fahrzeugen, die die Welt verändert haben, sind wir gefahren, geflogen und gesegelt. Wir haben unglaubliche Entfernungen zurückgelegt, Geschwindigkeitsrekorde gebrochen und lebensgefährliche Orte bereist. An Bord einer Triere sind wir in die Schlacht gerudert, mit der *Trieste* haben wir den tiefsten Punkt des Ozeans erforscht und von einem Space Shuttle konnten wir unsere Erde wie eine glänzende blaue Murmel im Weltraum schweben sehen.

Die vielen Reisen haben uns gezeigt, wie klein unsere Welt ohne Fahrzeuge wäre. Die meisten Menschen würden ihre Heimat nie verlassen und wären von unbekannten Ländern, unerforschten Meeren und einem leeren Himmel umgeben.

Der riesige Fortschritt, den uns diese Fahrzeuge gebracht haben, hat aber auch eine Kehrseite: Unser Planet leidet unter den vielen Fahrzeugen mit Verbrennungsmotoren, die riesige Mengen an Treibhausgasen erzeugen. Und wenn es zu viele Gase in der Atmosphäre gibt, wird die Erde wärmer. Dann schmelzen die Pole, der Meeresspiegel steigt an und extreme Umweltereignisse wie Dürren, Überschwemmungen und Waldbrände häufen sich.

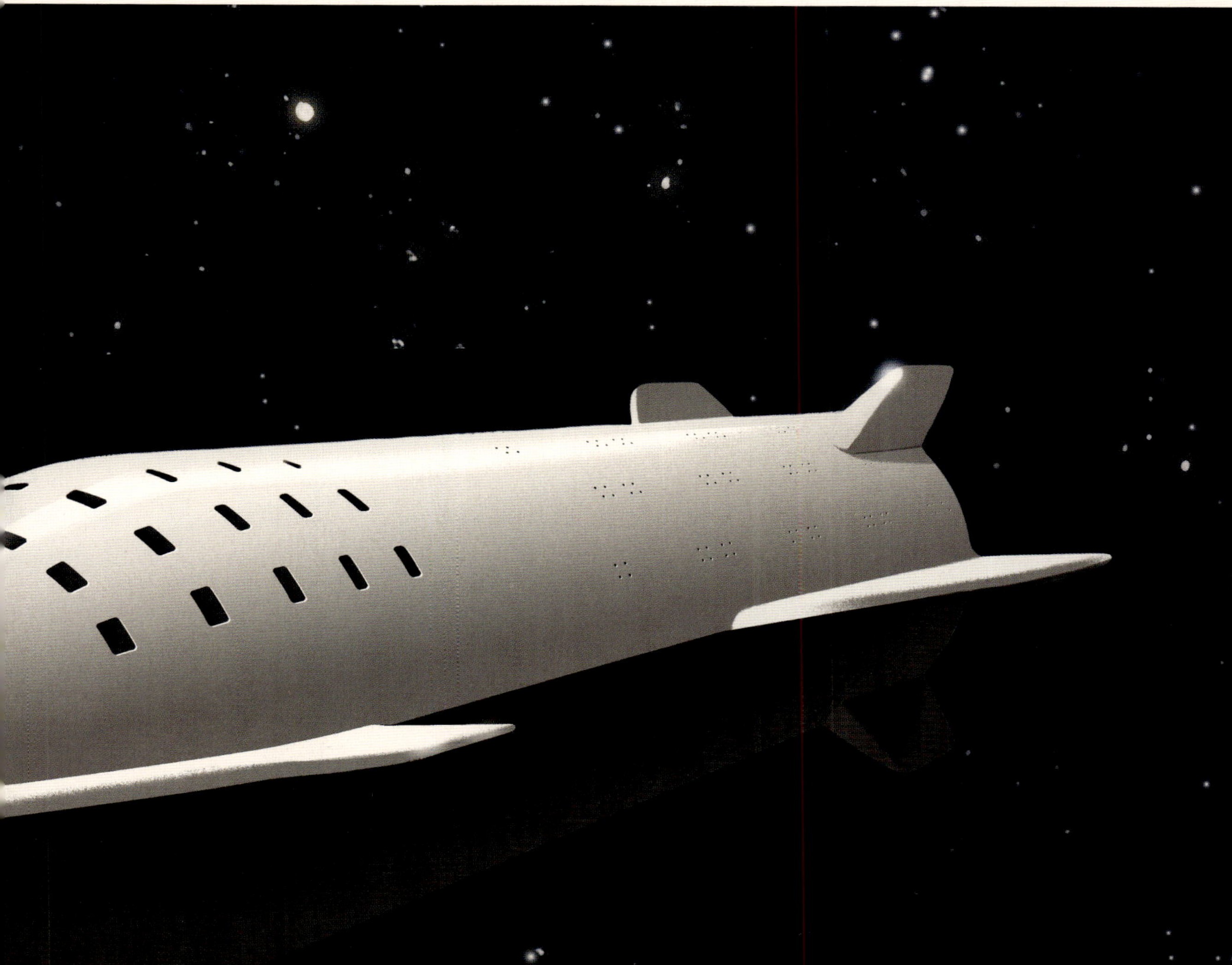

Um die Klimakatastrophe abzuwenden, müssen wir handeln. Es wurden auch schon Fortschritte erzielt. Es gibt inzwischen viele Fahrzeuge, die mit Strom oder erneuerbaren Energien angetrieben werden, und die Technologien werden immer weiterentwickelt. Wir alle können einen Beitrag dazu leisten, unseren Planeten zu retten. Wir können zum Beispiel kurze Strecken mit dem Fahrrad oder zu Fuß zurücklegen oder mit Bus oder Bahn fahren, anstatt für alles das Auto zu nehmen.

Dieses Buch hat dir gezeigt, dass die Entwicklung von Fahrzeugen niemals aufhört. Ingenieurinnen und Ingenieure, Wissenschaftlerinnen und Wissenschaftler arbeiten immerzu an Verbesserungen: selbstfahrende Autos, schnellere Züge, größere Containerschiffe. Und wer weiß, wohin uns die Begeisterung für die Raumfahrt noch führt. Es gibt schon Pläne für neue bemannte Reisen zum Mond, einige Raumfahrtnationen forschen ernsthaft an der Möglichkeit, eine permanente Basis auf dem Mars zu errichten, auf der Menschen leben können.

Die Zukunft der Fahrzeuge ist spannend. Bestimmt wird es in ein paar Jahrzehnten neue Fahrzeuge geben, die die Welt verändern – so wie Stephensons Dampflokomotive oder den *Flyer* der Wright-Brüder. Vielleicht wirst du eines Tages selbst eins dieser Fahrzeuge steuern.

**ODER SOGAR ERFINDEN!**

# GLOSSAR

**ACHSE** Stange, über die die Räder miteinander verbunden sind, sodass sie sich gleichzeitig drehen.

**AERODYNAMISCH** Fließende Form, durch die Fahrzeuge mit weniger Luftwiderstand vorankommen.

**APPARAT** Maschine oder Gerät.

**AUFTRIEB** Die Fähigkeit von Wasserfahrzeugen, durch Verdrängung auf dem Wasser zu schwimmen.

**AUSPUFFROHR** Öffnung an einem Motor, durch die die Abgase austreten.

**AUTOPILOT** System, das ein Flugzeug, ein Schiff oder ein Raumfahrzeug ohne menschliche Hilfe steuert.

**BALLASTTANK** Wassertank in einem U-Boot: Wird er mit Wasser gefüllt, taucht das U-Boot ab, wird er mit Luft befüllt, taucht es auf.

**BUG** Vorderteil eines Schiffs, Boots oder U-Boots.

**DECK** Die verschiedenen „Etagen" bei einem Schiff haben unterschiedliche Bestimmungen. Ein Batteriedeck etwa ist bei Kriegsschiffen die Ebene, auf der die Kanonen aufgestellt sind.

**DROSSELKLAPPE** Vorrichtung, die die Kraftstoff- oder Stromzufuhr eines Motors steuert.

**ERNEUERBARE ENERGIE** Antriebskraft, die aus unerschöpflichen Quellen gewonnen wird, wie Wind-, Wasser- oder Sonnenkraft.

**FAHRWERK** Dazu gehören die Lenkung, Bremsen, Dämpfer, Federn und Räder. Es sorgt für sicheres and angenehmes Fahren.

**FLOTTE** Gruppe aus mehreren Schiffen, Flug- oder Fahrzeugen.

**FOSSILE BRENNSTOFFE** Unterirdisch vorkommende Energieträger, die nach ihrer Verbrennung nicht ersetzt (oder erneuert) werden können, wie Kohle und Öl.

**FRACHT** Waren und Güter, die per Schiff, Bahn oder Lkw transportiert werden.

**FRACHTER** Großes Schiff.

**FREGATTE** Kleines Kriegsschiff.

**HECK** Hinterer Teil eines Schiffs, Boots, Fahrzeugs oder U-Boots.

**HERSTELLER** Betrieb, der etwas produziert.

**HYDRAULIK** Verfahren, bei dem mithilfe von Flüssigkeit (häufig Wasser) Druck erzeugt und in mechanische Energie umgewandelt wird.

**KENTERN** Umkippen eines Schiffs oder Boots.

**KERNREAKTOR** Stromerzeuger, der in Atomkraftwerken und großen Marinefahrzeugen eingesetzt wird.

**KIEL** Das „Rückgrat" des Schiffs: lange Holz- oder Metallkonstruktion im Schiffsboden, an der der Rahmen befestigt ist.

**KOLBEN** Motorteil, das sich mithilfe von Gas oder Flüssigkeit in einem Zylinder genannten Rohr auf und ab bewegt, um ein Fahrzeug in Bewegung zu setzen.

**LOKOMOTIVE** Antriebsfahrzeug auf Schienen, das Personen- und Güterzüge zieht.

**LUFTWIDERSTAND** Kraft, durch die ein Flugzeug in der Luft verlangsamt wird.

**MARINE** Schiffe (in der Regel militärische), die Eigentum eines Staats sind und von ihm betrieben werden.

MAST Pfahl auf einem Schiff, an dem Segel und Takelage befestigt sind.

MOSAIK Bild oder Muster aus kleinen farbigen Fliesen, Stein- oder Glasstücken.

PIONIER/PIONIERIN Eine Person, die neue Ideen und Vorgehensweisen entwickelt.

POLYNESISCHES DREIECK ist ein Gebiet im Pazifik. Die Inselgruppen an den Ecken des Dreiecks sind Hawaii, Neuseeland und Rapa Nui.

POSTKUTSCHENSTATION Die Reisen der Postkutschen waren in Etappen aufgeteilt. An den Postkutschenstationen wechselten Postreiter und Postkutschen die Pferde.

PROPELLER Rotierende Vorrichtung, die ein Schiff, U-Boot oder Flugzeug vorantreibt.

REVOLUTION Dramatische Veränderung der bisherigen Umstände zu etwas Neuem.

RUDER Ein flacher, beweglicher Hebel, mit dem ein Schiff, Boot oder U-Boot gesteuert wird.

ROVER Ein Fahrzeug, das andere Planeten und Monde erkundet.

RUMPF Hauptkörper eines Flugzeugs oder Schiffs einschließlich Boden, Seiten und Deck.

SCHORNSTEIN Abgasrohr eines Schiffs oder einer Dampfmaschine.

SCHUB Von einem Raketen- oder Düsentriebwerk erzeugte Antriebskraft, die das Fahrzeug vorwärts und/oder nach oben bewegt.

SEGEL SETZEN Hochziehen der Segel mithilfe einer Leine, um das Schiff zu beschleunigen.

SPEICHEN Verbindung zwischen der mittleren Achse und der Felge des Rads; Speichenräder sind sowohl stabil als auch leicht.

STREBEN Metall- oder Holzteile, die einer Konstruktion Form und Stabilität verleihen.

STROMLINIENFÖRMIG siehe AERODYNAMISCH.

TAKELAGE Alle Teile, die sich über dem Schiffsrumpf befinden. Dazu gehören alle langen Hölzer wie Masten und alles Tauwerk.

TREIDELN Das Ziehen von Schiffen auf Wasserwegen durch Menschen oder Pferde.

TURBINE Anlage, die mit der Strömung einer Flüssigkeit Energie erzeugt.

VERBRENNUNGSMOTOR Motor, der durch Verbrennung eines Kraftstoff-Luft-Gemischs Energie produziert.

VIERDECKER Segelschiff mit vier Batteriedecks. Als Batteriedeck bezeichnet man bei alten Kriegsschiffen ein Deck, auf dem Kanonen aufgestellt wurden.

WEBLEINEN Die Masten werden von Tauen gestützt: die Wanten. Zwischen den Wanten sind waagerechte Taue – die Webleinen – gespannt, an denen die Matrosen wie an einer Strickleiter nach oben in den Mast klettern können.

WPS Wellenleistung/Wellenpferdestärke ist eine Maßeinheit für Leistung.

# REGISTER